石川美智子 著

高校相談活動におけるコーディネーターとしての教師の役割
―その可能性と課題―

佛教大学研究叢書

ミネルヴァ書房

高校相談活動における
コーディネーターとしての教師の役割
──その可能性と課題──

目　　次

序　章　問題と目的 …… 1
　第1節　問題の所在 …… 1
　第2節　日本の学校相談活動の課題 …… 3
　第3節　本書の目的 …… 6
　第4節　本書の構成 …… 7

第1章　高校の特別なニーズ教育に関する諸外国の実態と日本の課題 …… 9
　第1節　諸外国の特別なニーズ教育の特徴 …… 9
　　（1）諸外国の特別なニーズ教育の定義と対象の実態　11
　　（2）特別なニーズ教育の背景　14
　　（3）教師以外の専門家等の常勤配置　16
　　（4）コーディネーターとその教育制度　19
　第2節　今後の方向性 …… 21
　　（1）特別なニーズ教育の理念形成　22
　　（2）専門的なコーディネーターの必要性　23
　　（3）コーディネーターの研修　25

第2章　日本の学校相談活動の方向性 …… 27
　第1節　日本の中高校における相談活動に関する先行研究の概観 …… 27
　　（1）事例研究論文の内訳　28
　　（2）援助の特徴　30
　　（3）校外専門家との連携について　33
　　（4）教師以外の専門家とコーディネーターの必要性　33
　　（5）コーディネーターについて　35
　　（6）コーディネーターを担う者の条件　37
　第2節　高校教育相談担当教師への質問紙調査 …… 39
　　（1）問題と目的　40
　　（2）方　法　40

　　　　（3）結　果　*41*
　　　　（4）考　察　*44*
　　第3節　コーディネーターとしての教育相談担当教師の可能性………*45*

第3章　円滑実践事例におけるコーディネーターの役割……*47*
　　第1節　事例研究における研究方法と学校の援助体制……………*47*
　　　　（1）研究方法　*47*
　　　　（2）倫理的配慮　*48*
　　　　（3）対象事例　*49*
　　第2節　継続的なコーディネーション活動と校内外専門家の効果的な
　　　　　　援助（自験例1）………………………………………*50*
　　　　（1）事例の概要　*50*
　　　　（2）事例の経過　*52*
　　　　（3）事例の考察　*59*
　　第3節　校外専門家への引き継ぎ（自験例2）……………………*63*
　　　　（1）事例の概要　*63*
　　　　（2）事例の経過　*65*
　　　　（3）事例の考察　*70*
　　第4節　校外専門家の特徴理解（自験例3）………………………*74*
　　　　（1）事例の概要　*74*
　　　　（2）事例の経過　*75*
　　　　（3）事例の考察　*80*

第4章　困難実践事例におけるコーディネーターの役割……*87*
　　第1節　生徒も教師も疲弊した事例（自験例4）…………………*87*
　　　　（1）事例の概要　*88*
　　　　（2）事例の経過　*89*
　　　　（3）事例の考察　*95*
　　第2節　担任が生徒にかかわろうとしない事例（自験例5）………*102*
　　　　（1）事例の概要　*102*

（2）事例の経過　*103*
　　　（3）事例の考察　*109*

第5章　コーディネート実践事例に関する総合的考察 ……………*115*
　第1節　コーディネーターが形成した援助体制 ……………………*115*
　第2節　高校相談活動におけるコーディネーターの意義 ………*120*
　第3節　高校相談活動におけるコーディネーターの役割 ………*122*
　　　（1）生徒の正確なアセスメントとニーズの把握　*122*
　　　（2）援助者（保護者・担任等）のアセスメント　*123*
　　　（3）校内外専門家の特徴理解　*124*
　　　（4）保護者の校外専門家への引き継ぎ　*126*
　　　（5）各専門家への継続したコーディネーション活動　*128*
　　　（6）コーディネーターへの情報の一元化と各専門家へのタイミングの
　　　　　あった情報提供　*129*
　　　（7）援助に消極的な担任への対応　*131*

第6章　総括的討論 ……………………………………………………*135*
　第1節　本書の総括 …………………………………………………*135*
　　　（1）高校相談活動とコーディネーターに関する研究・実践の展望の要約
　　　　　135
　　　（2）高校の特別なニーズ教育に関する諸外国の実態と日本の課題の要約
　　　　　135
　　　（3）日本の学校相談活動の実態の要約　*136*
　　　（4）実践例におけるコーディネーターの役割　*137*
　　　（5）実践例からの知見　*138*
　第2節　高校相談活動への示唆 ……………………………………*139*
　　　（1）早期介入の重要性　*139*
　　　（2）青年期の問題と集団力動の理解　*139*
　　　（3）個人の尊重と学校教育の目標とのバランス　*140*

　　　　　（4）スクールカウンセラー等との協働　*141*

　　　　　（5）開かれた学校づくり　*141*

　　第3節　今後の課題 ………………………………………………………… *142*

　　　　　（1）専任のコーディネーターの育成　*142*

　　　　　（2）コーディネーター導入のための活動と育成プログラム　*143*

　　　　　（3）今後のコーディネーターの研究　*144*

　　　　　（4）管理職及び一般教師への研修　*145*

　　　　　（5）各専門家間の共同基盤　*146*

補　章　コーディネーターの意義………………………………………… *147*
　　　　――校内外チーム援助形成・促進事例と中断・失敗事例より

　　第1節　援助チーム機能を促進した事例（Team Promotion 事例）（自験
　　　　　例6）……………………………………………………………… *148*

　　　　　（1）事例の概要　*148*

　　　　　（2）事例の経過　*149*

　　　　　（3）援助後の聞き取り調査（X＋4年）　*154*

　　　　　（4）考　察　*155*

　　　　　（5）おわりに　*160*

　　第2節　全ての援助を拒否した生徒への援助体制形成事例（System
　　　　　Formation 事例）（自験例7）……………………………………… *160*

　　　　　（1）事例の概要　*161*

　　　　　（2）事例の経過　*162*

　　　　　（3）援助後の聞き取り調査（X＋4年）　*164*

　　　　　（4）考　察　*165*

　　　　　（5）おわりに　*169*

　　第3節　校外専門家の引き継ぎに失敗した事例（自験例8）………… *170*

　　　　　（1）事例の概要　*171*

　　　　　（2）事例の経過　*171*

　　　　　（3）考　察　*185*

　　　　　（4）おわりに　*187*

第 4 節　補章小括
　　　　　──日本の教育問題解決におけるコーディネーター ……… *187*

引用文献　*189*
初出一覧　*197*
あとがき　*199*
索　　引　*201*

序　章
問題と目的

第1節　問題の所在

　学習や進路，心理面の困難をかかえた生徒の学校における援助にあたっては，従来から，養護教諭も含めた教師が中心となって行ってきた。そして，1995(平成7)年より，臨床心理士を中心としたスクールカウンセラー制度導入によって心の専門家が，学校における児童生徒の援助に参加することになった。校外においては，公立私立の相談室，支援センターの充実，精神科の敷居が低くなったことなど，援助体制が整ってきている。しかし，学校の中においては，校内の事情に精通し校外の援助者の特徴を理解し，生徒と継続的にかかわれる者がいないのが現状である。一般的には生徒を継続的にみていくのは担任であるが，担任のみで，専門機関とかかわることは難しい。さらに，困難をかかえた生徒の問題は短期間に解決しない場合があり，生徒の対応について継続的に援助をする必要がある。しかし，担任は1年間で交代することを原則としているため，生徒への継続的な援助は難しい。そこで，困難をかかえた生徒理解のための専門機関との連携，生徒への継続的な援助のために，チームを組んで援助(チーム援助)を行う必要性が考えられる。チームを組むことによって，担任が替わっても，継続的な援助を行うことができる。

　学校における児童生徒の援助を，石隈は心理教育的援助サービスという言葉を用いて定義している。「一人ひとりの児童生徒が学習面，心理・社会面，進路面，健康面における課題への取り組みの過程で出会う問題状況の解決を援助し成長することを促進する心理教育的援助サービス」(石隈，1999)は，教師も

含めた多様な専門家が連携しながら対応することにより可能になるだろう。しかし，チーム援助を行う場合の問題もある。多様な専門家がチームを組んだ場合，役割分担や援助方針の違いなど葛藤の問題及び連絡調整に時間がかかるという問題がある。さらに，専門機関と継続的にかかわった経験や連携のための訓練を受けた管理職や学年主任，養護教諭，教育相談担当教師は少ない。このようなチーム援助の問題を解決するためには，チーム援助を促進する役割をとるもの，つまりコーディネーターの存在が必要である。コーディネーターによるチーム援助の問題に対応し，チーム援助を行うことができると思われる。石隈・田村（2003）は「コーディネーターの役割は援助体制の整備をし，話し合いを行うタイミングを見極めそれぞれの援助者の持ち味を生かせるよう配慮すること，また，関係職員及び関係機関の連絡調整をすること」としている。本書では，この役割を受けてコーディネーターは「生徒のニーズにあった援助を目的に，援助チームを形成促進し，援助が的確なものになるように統合する者」と定義する。本書のコーディネーターは，障がいの有無にかかわらず，何らかの困難をかかえた生徒全ての援助を対象としている。本書のコーディネーターは，文部科学省の特別支援教育コーディネーターとは異なる。文部科学省は，特別支援教育コーディネーターを定め，各学校における障がいのある生徒を対象に，特別支援教育の推進のため関係諸機関と学校との連絡調整，保護者からの相談窓口などの役割を担うとしている（文部科学省，2007a）。コーディネーターが存在し機能することによって，困難をかかえた生徒が見いだされた場合には，学校は直ちにチーム援助を行い適切な援助にあたることが可能となる。そのような組織は高信頼性組織と呼ばれ，学校が高信頼性組織として機能し得るようになると考えられる。高信頼性組織とは，中西（2007）が提示しているもので，原子力潜水艦や航空管制システムなど危険や事故を起こしてはいけない組織の中で，特に事故やミスの少ない組織のことである。事故やミスは完全に防ぐことは難しいが，そういった困難な事態が生じたときに対応可能であることがむしろ重要とされる。学校という組織にもこの考え方を適用し，コーディネーターを中心とする援助体制を整えていくことは有意義である。

担任と生徒，保護者をつなぐスクールカウンセラーの研究は多い。しかし，多様な専門家の援助体制を形成する役割を示した研究は少ない。特に，高校相談活動は，スクールカウンセラーの配置が少ないことや，教師が困難をかかえた生徒援助について，実施の判断も含めて各自で行う傾向にある。さらに，高校生の問題は把握しにくく深刻化するなど，教師を含めた多様な専門家を必要としているにもかかわらず，チーム援助が不十分であると指摘できる。

そこで，本書は，困難をかかえた生徒に対する高校におけるコーディネーターの役割を検討する。

第2節　日本の学校相談活動の課題

本節では，日本における学校相談活動の変遷を概観し，研究の方向性について検討する。日本における学校相談活動について，鵜養（2004）は，1947（昭和22）年戦後の教育改革において社会背景や財政基盤が異なるところで，アメリカの学校教育をモデルに始まったとしている。それは，生徒個人の発達を目的とする助言や指導中心の学校相談活動であったが，あまり定着しなかった。そのような中，児童生徒のいじめ，不登校，非行，自殺などの問題が，メディアに大きく取り上げられ社会的にも注目を集めた。そして，問題が起きるたびに学校の対応の在り方が批判された。こうした問題に対処するために，文部省（現在の文部科学省）は教師カウンセラー養成の研修を行った（國分，1998；鵜養，2001）。しかし，教師カウンセラーの育成だけでは生徒への対応ができず，文部省（1996）は，教師自身がカウンセリングマインドを持つことの必要性を念頭に置いていると述べ，教師カウンセラーの育成とは別に，多くの教師に対してカウンセリングマインドの研修を行った。並行して，スクールカウンセラー制度（文部省，1995）の導入に続き，スクールソーシャルワーカー制度（文部科学省，2008）の導入も試みられている。学協会においては，学校心理士（学会連合資格学校心理士認定運営機構），臨床心理士（日本臨床心理士資格認定協会），学校カウンセラー（日本学校教育相談学会），認定カウンセラー（日本カウンセリング

学会）など，相談活動における理論の形成とカウンセラーの育成が行われている。教師カウンセラーの立場からは，長坂（2000），栗原（2001）など実践報告に基づいた研究が行われるようになった。

石隈（1999）は，複数の教職員で生徒をみるチーム援助を基本とした学校心理学の理論を提案している。しかし，学校相談活動の多様な理論とカウンセラーの育成，全教師へのカウンセリングマインドの研修，専門性の不明確な状態での専門家制度の導入など，学校相談活動の制度設計が定まっていない。

このように，日本の学校相談活動は相談体制に未整備な部分が多い。大野（1997）は，学校教育相談の原型は，学校現場での十分な準備のないまま行政的・学会的なレベルで定位され，その後の混乱を招いたことを指摘している。常に行政は，学校の相談活動に対して試行錯誤を繰り返し，学校現場では，安定した相談組織や，教育相談担当教師の育成に至っていないのが現状である。

行政と学校現場が試行錯誤している中，文部科学省（2003a）は，今後の相談活動の在り方として，生徒を援助する校内サポートチームをつくることや，連絡調整等を行うコーディネート教職員を位置づけるとしている。この中で，チーム援助とコーディネーターの重要性を挙げている。チーム援助とは，複数の教職員の目で生徒をみて，援助者が必要な情報や能力を補い援助にあたることをねらいとしている。すでに，チーム援助の有効性は原田・府川・林（1997），大野（1997），石隈（1999），栗原（2006）が述べている。

しかし，コーディネーターについては，研究が進んでいない。学校相談の実践研究が掲載されている学術誌である『カウンセリング研究』『学校教育相談研究』『学校心理学研究』『教育心理学研究』『心理臨床学研究』の2001（平成13）〜2009（平成21）年を対象に，「援助チーム」「連携」の2つをタイトルとキーワードに含む学校を対象とした論文を検索したところ，1,198件中，瀬戸・石隈（2002，2003），山寺・高橋（2004）のみであった。瀬戸・石隈（2002）の論文は，高校の生徒指導部主任（生徒指導主事）・養護教諭・教育相談担当教師・スクールカウンセラーを対象に調査研究を行い，それぞれの役割によってコーディネーション行動の在り方が異なっていたが，援助チーム形成能力は，コー

ディネーション行動に強い影響を与えていることを示した。教育相談担当教師とは，学校相談活動の分掌担当者であり，援助計画を立てる係である。山寺・高橋（2004）の論文では，養護教諭がコーディネーターを担う場合の特徴は述べられているが，瀬戸・石隈（2002，2003），山寺・高橋（2004）の論文には，コーディネーター役割を担う者と，生徒と各専門家の相互作用の過程の記述がなく，詳細なコーディネーターの役割が示されていなかった。さらに，障がいのある児童生徒の援助である特別支援教育領域をみるため，学術誌である『LD研究』・『特殊教育学研究』・『発達障害研究』の2001（平成13）～2009（平成21）年に掲載された論文を全て収集した。特別支援コーディネーターの事例研究は，1,659件中，佐藤・八幡（2006）による小学校特別支援学級の事例1論文のみであった。特別支援コーディネーターについての調査研究は，4論文のみであった（新井，2005；曽山・武田，2006；計良，2008；渡辺，2008）。コーディネーターについての研究は，合わせて8論文のみであった。このような中，文部科学省（2010）は，コーディネーターについて，専門性の具体的内容を示していない。また，瀬戸・石隈（2002）は，効果的なチーム援助のために，今後コーディネーターの事例研究と調査研究の両面の研究が必要とされていると指摘している。

　次に，高校における相談活動の課題について検討する。高校では，自殺未遂，自傷行為に関する事例が多いと報告されている（外山，2002；山寺・高橋，2004；田中，2005；石川，2008）。自立と依存の葛藤に揺れる高校生は，自殺等の生死にかかわる行動化に至ることが多いと思われる。実際，2008（平成20）年度の児童生徒の自殺は，小学生0人，中学生36人，高校生100人であった（文部科学省，2009b）。また，石隈（1999）は，高校生は中学生の学習面，進路面や心理・社会面の悩みに加え，明確化されていない強い不安や不満があると述べている。明確化されない強い不安や不満のため，高校生の問題は把握しにくく深刻化するといえる。そのため，多様な専門家を必要としている。

　では，高校の援助体制の現状を挙げる。日本の学校に配置されている専門家は，児童生徒の健康の専門家である養護教諭がいる。しかし，教師以外の専門家は，心理の専門家であるスクールカウンセラーのみである。高校のスクール

カウンセラー配置率は17.5%である（森岡，2009）。一方，中学校のスクールカウンセラーの配置率は約100%である。高校は，スクールカウンセラー配置が少ない。多様な専門家の援助を必要としている高校生は，臨床心理学の専門家であるスクールカウンセラーの援助さえ受ける機会が少ない状態である。一方，教師の援助体制については，学校教育法の改訂による特別支援教育が法的に位置づけられ，障がいのある生徒への援助の責務があきらかになった（文部科学省，2007a）。しかし，罰則規定がないため，障がいのある生徒の援助に教師の個人差があると思われる。特に，西尾（1996）は，高校では，困難をかかえた生徒援助について，実施の判断を含めて教師が各自で行う傾向があると述べている。さらに，高校は，退学制度があるため，義務教育である中学校と比べ，教師の援助意識が異なることが考察されている。

そこで本書では，高校相談活動におけるコーディネーターに焦点を当てる。そのために，コーディネーターと各専門家と生徒の相互作用の過程があきらかになるような事例を提示する。それらの事例においてコーディネーターの役割をとったのは教育相談担当教師である。教育相談担当教師は，現状の学校相談活動の相談組織を担い，援助計画を立てる者として重要である。また，今後においても教育相談担当教師は，学校相談活動において最も中心的な役割を担い得ると考え，その実践例を検討することによって，コーディネーターの機能や役割をあきらかにしたい。

第3節　本書の目的

上記の問題を踏まえた上で，本書の目的は3点に集約される。

①高校教育相談担当教師によるコーディネート実践例を提示する。チーム援助が円滑に形成され展開した円滑事例とチーム援助を行うにあたり，大きな障がいがあり援助に困難を伴った困難事例の検討を通して，コーディネーターの意義・役割等を示す。そして，コーディネーターの役割の援助モデル図を作成する。

②高校教育相談担当教師が，コーディネーターの役割を担う発展の可能性について検討する。
③コーディネーターの条件や課題について提言する。

第4節　本書の構成

本書は以下の7章と補章から構成される。

序　章　問題と目的（本章）
第1章　高校の特別なニーズ教育に関する諸外国の実態と日本の課題
第2章　日本の学校相談活動の方向性
第3章　円滑実践事例におけるコーディネーターの役割
第4章　困難実践事例におけるコーディネーターの役割
第5章　コーディネート実践事例に関する総合的考察
第6章　総活的討論
補　章　コーディネーターの意義

本章（序章）では，日本の相談活動，特に高校相談活動の課題を示し，その上で，本書の問題と目的と構成を述べた。近年では，チーム援助とコーディネーターの重要性が指摘されている。コーディネーターの研究は少なく，コーディネーターに焦点を当てた研究が必要であるという課題が示された。

第1章では，高校の特別なニーズ教育に関する諸外国の実態と日本の課題を検討する。特別なニーズ教育が進んだ欧米の学校では，すでにコーディネーターやコーディネーター役を担う教職員の実践が行われている。日本のコーディネーター役と欧米のコーディネーターの条件をまとめる。

第2章では，日本の中高校における相談活動の実践を報告した先行研究レビューから，教師とスクールカウンセラーの特徴を比較検討する。また，教育相談担当教師が最も多くコーディネーター役を占めていたことから，教育相談担当教師を研究の視野に入れ，高校教育相談担当教師の質問紙調査から，高校

相談活動の方向性を検討する。

　第3章では，事例研究についての研究方法を述べた上で，教育相談担当教師がコーディネーターの役割を果たした円滑実践例をもとに，コーディネーターの役割を検討する。

　第4章では，第3章と同様の研究方法により困難実践例をもとにコーディネーターの役割を検討する。

　第5章では，第3章・第4章の事例研究からコーディネーターの意義と役割を示す。

　第6章では，これらの研究を総括し，本書の意義と今後の展開についての考察を行う。

　補章では，本編を補うために，校内外チーム援助形成・促進事例と中断・失敗事例を紹介する。コーディネーターの意義がより明確になると考え加筆した。

　補章小括として，日本の教育問題解決におけるコーディネーターの意義を提言した。

第1章
高校の特別なニーズ教育に関する諸外国の実態と日本の課題

　本章では，海外の学校におけるコーディネーターの研究と実践の動向をあきらかにし，日本の高校におけるコーディネーターの方向性を検討する。なお，特別なニーズ教育とは，何らかの困難をかかえた児童生徒の教育のことである。また，通常学校とは，特別支援学校ではない学校をいう。なお，本書では，中学校・高校を中高校と記述した。

第1節　諸外国の特別なニーズ教育の特徴

　本書のテーマである，学校における困難をかかえた子どもへの援助は，近年，世界では特別なニーズ教育 (Special Needs Education) として行われている。UNESCO・OECD (Organization for Economic Cooperation and Development　経済協力開発機構)・WHOを中心に，世界の学校では特別なニーズ教育の実態をまとめつつ目標達成を目指している（中野，2000；OECD，2005）。

　こうした国際的な動向の他に，特別なニーズ教育に影響を与えているものとして，OECD (2001a) によると，アメリカの公民権運動や北欧諸国のノーマライゼーションの思想を挙げている。また，徳永 (2006) は，フィンランドでは，学習における困難への支援を充実させることが，基本的な学力の底上げにつながっていると述べている。これらの国々は困難をかかえた子どもを援助するために教師以外の専門家を配置し，各専門家を結ぶコーディネーターやコーディネーター役を設けている。したがって，各専門家を結ぶコーディネーター (Coordinator) は，これらの国々の共生社会実現や学力向上などの要因の一つを担っていると考えられる。

日本では，学校教育法の改正施行（文部科学省，2007a）により「特殊教育」から「特別支援教育」に変わり，その目的も「欠陥を補うために，必要な知識技能を補うこと」から，「障害による学習上または生活上の困難を克服し自立を図るために必要な知識技能を授けること」と改められた。しかし，横尾（2008）によれば，日本では，特別支援教育は障がいのカテゴリーを基準においた制度設計がされているが，学習や生活をする上で困難な子ども等への教育的ニーズについての定義は議論がある状態であり，今後の課題であると指摘している。特別なニーズ教育について，従来の学校文化や教師，保護者の意識も配慮しつつ，日本の実情にあったものをつくりあげていく必要がある。したがって，本書では障がいのカテゴリーに限定した文部科学省の「特別支援教育」という言葉は使用しない。UNESCO・OECD・WHOと同様「特別なニーズ教育」という言葉を用いる。

　文部科学省（2003b）は，教師である特別支援教育コーディネーターの役割を示した。その役割は，校内の関係者や関係機関との連絡調整，保護者の相談窓口，担任への支援などであり，その職務から，特別支援教育に関する専門性をある程度有している必要があるとしている。文部科学省は特別支援教育コーディネーターの専門性について，「ある程度有している」という表現以上あきらかにしていない。そこで，コーディネーターの国際的動向を知り，その専門性等をあきらかにしていくことは，今後の特別なニーズ教育のシステムづくりに役立つと考えられる。

　また，瀬戸・石隈（2002，2003），田村（2004）は，コーディネーターの存在は，学校における心理教育的援助サービスを提供するプロセスに最も影響を与えると述べている。このことから，コーディネーターの研究をすることは，困難をかかえた生徒を援助する上で重要であるといえる。さらに，文部科学省（2007a）は，高校について小中学校と比較すると，全体として特別支援教育の体制整備が遅れていると報告している。したがって，日本の高校におけるコーディネーターの課題を示すことは意義があると考える。

　本書では，高校の特別なニーズ教育に関する諸外国の実態と日本の課題につ

第1章 高校の特別なニーズ教育に関する諸外国の実態と日本の課題

いて検討する。そして，特に日本の高校における特別なニーズ教育を担うコーディネーターの今後の方向性についての提言を行う。

　対象国：コーディネーターの国際的な動向をみるために，OECD参加国の中からアメリカ，イギリス，イタリア，スウェーデン，フィンランド，大韓民国，ドイツ，フランス，日本における特別なニーズ教育についての文献を調べた。まず，特別なニーズ教育対象生徒が多いイギリス，スウェーデン，フィンランド，アメリカ，フランスを対象国とした。イタリアは，特別学校（日本でいう特別支援学校）における教育対象児が0.04％（国際比較研究対応チーム，2007）で，各国の中で最も少なく，通常学校の中で特別なニーズ教育が行われている国と判断したため対象国とした。ドイツについては，堀（1994）がドイツの特殊教育は伝統的にヨーロッパ各国及び日本の模範とされたと述べていることから，日本の教育制度と似ていると考えドイツを対象国とした。また，OECDの加盟国で，アジア圏の国は，日本と大韓民国のみである。欧米ばかりでなく文化的背景が近いと思われる国も必要と考え，日本と同じアジア圏である大韓民国を対象国とした。

　調査内容：以上の国々について，「特別なニーズ教育の背景」「教師以外の専門家等の常勤配置」「コーディネーターとその教育制度」を検討する。

　日本ではスクールソーシャルワーカー制度がスタートした。しかし，配置が少数であるため，本書から除外した。

（1）諸外国の特別なニーズ教育の定義と対象の実態

　OECD（2001b）は，特別なニーズ教育の定義として，ABCの3カテゴリーを用いて分類していた。カテゴリーAは，盲，弱視，聾，難聴，重度の知的障がい，重複障がいといった，実質的に合意が存在する児童生徒の教育的ニーズを指す。全ての職業及び社会階層出身の児童生徒に影響を与える諸条件であり，適切な計測機器や合意された基準が利用可能なもの。また，医学的な用語で表現される器質的な病理（例えば，感覚，運動，神経学的な欠損など）に起因す

る器質的な障がいである。カテゴリーBは，カテゴリーA及びCに分類される要因には直接的に起因しないと見なされる学習困難を有する児童生徒の教育的ニーズを指す。例えば，虐待の被害や情緒的な問題が学習困難の要因になっている場合がこのカテゴリーにあたる。カテゴリーCは，主に社会・経済的，文化的，あるいは言語的な要因によって生じると見なされる児童生徒の教育的ニーズを指す。例えば，移民の児童生徒などで親子で母国語が異なり学習困難になっている場合がこのカテゴリーにあたる。国によって，ABCの定義は，異なる部分があった。

ABCの全てのカテゴリーを設置し児童生徒を援助している国は，アメリカ，イギリス，スウェーデン，フィンランド，フランスであった。これらの国は，学習する上での困難も，特別なニーズ教育の対象としている。

イタリアは，学習困難になっている要因をACのカテゴリーに振り分けていたが，Aの児童生徒の統計値はあるが，Cはなかった。したがって，Aのカテゴリーに当てはまる，器質的な病理に起因する障がいがある児童生徒のみを援助していた。

大韓民国，ドイツは，学習困難になっている要因について，カテゴリーABの振り分けを行っていた。しかし，特別なニーズ教育を受けている統計が国全体で不明であった(国際比較研究対応チーム，2007)。また，カテゴリーCの分類の記載を行っていなかった。さらに，具体的な支援の実態の資料がなかった。ドイツでは一部の州のみ実施されていた。

日本は，これまでの特殊教育の対象を盲・聾・肢体・知的障がいだけでなく，知的な遅れのない発達障がいも含め，特別な支援を必要とする子どもとしている(文部科学省，2006)。また，日本では障がいを基本に特別なニーズ教育を行っている。

このように，特別なニーズ教育について，各国多様な定義を用いている。また，特別なニーズ教育の実施は国全体で統括している国もあれば，州で異なる国もあった。

表1-1に，海外と日本の特別なニーズ教育における学校を援助する専門家

第1章 高校の特別なニーズ教育に関する諸外国の実態と日本の課題

表1−1 海外と日本の特別なニーズ教育における学校を援助する専門家とコーディネーター

国	日本	イギリス	イタリア	フランス	フィンランド	スウェーデン	アメリカ	ドイツ	大韓民国
コーディネーターやそれに相当する役割を担っているもの	養護教諭・教育相談担当教師・学年主任・教頭・特別支援教育コーディネーターなど多様な教師	SENコーディネーター（主任以上の権限を持った教師）	支援教師（通常クラスで、障がいのある生徒を援助している）	校長	校長	特別教育家・スクールカウンセラー・心理士	スクールサイコロジスト・スクールカウンセラー・スクールソーシャルワーカー・ティーチャーコンサルタント・スチューデントサポートサービスコーディネーター	なし（教師の移動が少ない。また、義務づける法律がないため、特別なニーズ教育は、一部の実験校以外進んでいない）	なし（専門家がいないため、特別なニーズ教育の役割を遂行できない状態）
コーディネーターの教育	筆者が調査したところ、9時間〜45時間	大学院修士課程修了以上（教師は現職研修を受け、試験をして資格をとる）	大学卒業後2年間1,300時間の養成課程と試験修了で資格がとれる）	なし	校長も含め教師は大学院修士課程を修了	特別教育家は大学卒業後、3年間の実務経験と大学院での1〜1年半の養成課程（教師は現職研修で資格がとれる）	大学院修了者以上	なし	なし
校内専門家	養護教諭。一部の学校に臨床心理士	なし	なし	なし	特別教師・言語教師・保護教師アシスタント・スクールカウンセラー・スクールソーシャルワーカー・学校看護師	特別教育家・生徒保護ケア・スクールカウンセラー・ソーシャルワーカー・余暇指導員・学校看護師	スクールサイコロジスト・スクールカウンセラー・ソーシャルワーカー・ティーチャーコンサルタント・スチューデントサポートサービス	学校心理士・ソーシャルワーカー・治療教育家	なし
校外専門家	一部の地方教育委員会にBaseコーディネーター・教育臨床心理士等が配置されている。学校の特別支援教育コーディネーター	地方教育Baseコーディネーター・教育臨床心理士・多様なセラピスト・児科医などが配置されている	家庭医・地域保健機構（多様なセラピスト・ソーシャルワーカーなどが配置されている医療・福祉機関）と学校との連携が義務となっている	地方教育局に学校心理士・厚生省の特殊教育と治療教育機構（医師・多様なセラピストなどが配置されている）・小児科医などが配置されている	保健師・教師アシスタント・スクールカウンセラー・ソーシャルワーカー・学校看護師・母国語教師・宗教教師	学校衛生ケア・パーソナルアシスタント・校外にはスクールカウンセラー・移民の子どもの支援教師	州によっては、校内でなく校外にスクールサイコロジストが配置されている	なし	専門家が不足している
特別なニーズ教育対象者のLD等での割合	初中等中等教育でLD等の可能性6.3%	中等教育で20.0%	中等教育2.6%	通常中等データなし	高等学校で5〜10%初中等教育で21.2%	中等教育で21.9%	初等中等教育で11.3%	国全体の統計なし	国全体の統計なし

出所：筆者作成。

13

とコーディネーターについてまとめた。内容は調査対象の国の通常学校における特別なニーズ教育の「コーディネーターやそれに相当する役割を行っているもの」「コーディネーターの教育」「校内専門家」「校外専門家」「特別なニーズ教育対象者の割合」の項目を表した。

　通常学校で特別な教育的ニーズで援助されている生徒は，日本は初等中等段階でLD等の可能性として6.3％（国際比較研究対応チーム，2007）であった。イタリアでは後期中等教育段階で0.95％，中等教育全体で2.6％（国際比較研究対応チーム，2007），イギリスでは中等教育段階で20.0％（徳永・菅井・川住，2003），フィンランドでは高等学校で5～10％（Makipaa, 2007），初等中等教育段階全体で21.2％（徳永，2006）であった。フランスでは，通常学校のデータについて国全体の統計がなかった。アメリカでは，初等中等教育段階全体で11.3％（国際比較研究対応チーム，2007），スウェーデンでは初等中等教育段階全体で21.9％（高橋・是永，2004）であった。また，フィンランドは，学校の選択については特別学級・特別学校・通常学校など，学年ごとに柔軟に，個別のニーズに合わせて組むことができる。

（2）特別なニーズ教育の背景

　教師の特別なニーズ教育を行うための背景についてまとめる。

　スウェーデンは，1962（昭和37）年に福祉国家へ移行するために，不平等な学校体系を廃止し，1969（昭和44）年の学校指導要領で，障がいの有無にこだわらず児童生徒がともに学ぶ統合教育が強調された（高橋・是永，2004）。また，国民全体に特別なニーズ教育の必要性が浸透している。

　フィンランドの基本理念として，児童生徒は，学ぶことが義務であり，親や自治体は学習環境を整えることが，義務であると考えている。Makipaa（2007）によれば，全ての教育水準の改善が，国の発展につながるという国民全体の意識によって，多様な学習の援助が行われていると指摘されている。

　統合教育が進んだイタリアについて，落合（1998）によれば，1970年代義務教育である中学校卒業者は，小学校入学時の70～75％にとどまり，教師の権威

主義的な態度等が問題とされた。そのような中，市民の一人ひとりの教育権が認められ，障がいのある子どもが公立学校で教育を受けるべきであるとの気運が生じ，法律が改定されたと述べられている。

フランスでは，1975（昭和50）年の障害者基本法により統合教育が法的に認められ，その後，教育基本法を改定し統合教育の原則を確認している。棟方（2006）の聞き取り調査によれば，フランスの文部省担当官の意見として，フランスでは，通常学校の教師は学業を教えるという意識が強く，障がい児を受け入れることに抵抗があった。それでも，10年ほど前から，教師の意識が，統合教育は義務であり，技術的なサポートが得られれば行うべきであるというように，変わってきたとのことである。

イギリスの学校について，窪田（1996）は学校経営に関する責任主体となっている学校理事会（School Governing Bodies）の責任事項に，特別な教育的ニーズを持つ生徒への対応について明記されており，そして，その理事会には父母代表や教師代表（校長も含む），地方当局代表等が含まれ，また，援助の実態についてあきらかにされていると述べている。

アメリカは，高校生の退学率は50％といわれ，ブッシュ政権のもと落ちこぼれ0運動が展開された。また「障害者個別支援法」のもと特別なニーズ教育も進められた。さらにマッキニーベント法により90～140万人といわれるホームレスの子どもたちの援助を行っている。これらの法律により，各州の教育省で特別なニーズ教育が行われている。1990年代までは，教師も含めた専門家の職能意識が強くバラバラに援助を行っていたが，教師を含めたチーム援助による効果が高いことがわかり，チーム援助を目指している。また，石隈・永松・今田（1999）は，教育課程と個別支援計画の関係を明確にし，教師に報告義務を持たせていると述べている。

ドイツでは，當島・早坂・滝坂（2002）によれば，教師は採用されれば異動がなく，また，1人あたりの授業時間が決まっており，会議もこの授業時間内に行われると述べられている。そして，教師に教科指導中心の意識が強いために，通常学校での特別なニーズ教育が進んでいないのが実態である。また，ド

イツの法律は，特別なニーズ教育について「することができる」という規定であって，州の柔軟な運用に任されている。

日本では，特別支援教育の推進の通知が行われた（文部科学省，2006）が，ドイツ同様，罰則規定がなく理念法に近いものになっている。

（3）教師以外の専門家等の常勤配置

諸外国8ヵ国中7ヵ国において，学校の子どもたちを援助するために，教師以外の専門家が学校または地方教育局等に，初等・中等教育にかかわらず常勤として配置されていた。

イギリスは，土谷（2003），藤原（2005）の調査によれば，地方教育局には，常勤の多様な専門家が配置されている。地方教育局の専門家は，Baseスタッフと呼ばれていた。Baseスタッフは，Baseコーディネーター（責任者），教育心理士（Education Psychologists），教師，セラピスト（音楽療法士，遊戯療法士，心理療法士，ドラマ療法士，芸術療法士），インストラクター（ヨガ，アロマテラピー，ダンス），アシスタントなどである。成田（1999）は，小児科医師が医学的視点から，教育心理士が発達心理学的視点から助言を行うとしている。そして，Baseコーディネーターと学校にいるコーディネーターSpecial Educational Needs Coordinator（以下，SENコーディネーターと記す）である教師は，連携しながら特別なニーズ教育を実行する。

学校が，校外の医療・福祉機関と連携を行っていたのは，イタリアとフランスであった。

イタリアでは，統合教育が進んでいる。その大きな役割を担っているのは家庭医制度で，障がい児の発見やケアに重要な役割を担っている。また，法律で地方自治体，学校，医療，福祉の各機関の役割が確認され連携が義務となっている。またイタリアでは，地域保健機構という組織があり，チームを組んで，診断や個別支援計画などの作成，更新を行っている。地域保健機構は，常勤の理学療法士，作業療法士，言語療法士，ソーシャルワーカーなど多様な専門家の派遣を学校に行うことができる。そして，コーディネーターである支援教師

はこのチームと連携する。

　フランスでは，文部省の地方教育局に常勤している学校心理士（Psychologue Scolaire）が，複数校を掛け持ちしている。学校心理士の仕事は，アセスメントが中心で，診断を行い，児童生徒を特別支援学校・通常学校等に振り分けることである。文部省とは別に，厚生省の特殊教育及び治療教育サービス（以下，SESSADと記す）が，特別なニーズ教育について，特別学校や通常学級の振り分けを行っている。棟方（2006）によれば，SESSADの構成メンバーは医師，特殊教育指導員，精神運動訓練士，言語聴覚士などであると述べられている。また，SESSADとは別に，学校生活介助者（A.V.S.：Les Auxiliaires de Vie Scolaire）による児童生徒の個別援助サービスが行われている。

　全ての児童生徒に学習の機会を保障するという意識が高く，多様な教師や教師以外の多様な専門家が学校に常勤配置されている国は，フィンランド，スウェーデン，アメリカであった。

　フィンランドについて徳永（2006）によれば，通常教育の中で学習するために，援助が必要な子どもに適切な援助をどう提供するかが重要であると理解され実践されている。学習における困難さがある生徒は，精神的，社会的支援を必要として，適切な指導，適切な理解，支援サービス，特別な教材や教具を活用する権利があるとしている。具体的には，フィンランドは，佐藤（2006），徳永（2006），増田（2008）の調査によれば，学校に常勤の特別教師，言語教師，教師アシスタントが配置されている。このほか，母国語教師，母国の宗教教師が学校を巡回訪問している。そればかりでなく，生徒保護の取り組みのため，教師ばかりでなく，学校常勤の学校看護師とスクールカウンセラー（いじめやけんかなどの生活面の対応），週3日来校するスクールサイコロジスト（家庭の悩み，ADHD，精神面の問題の対応）が対応している。また，子どもの健康管理を行う子ども健康センターがあり，0歳から早期発見介入が行われ重要な役割を担っているとされている。

　スウェーデンでは，高橋・是永（2004）によれば，学校は関係機関，地域との連携が重要で，学校教育のほか学校衛生ケアや学校心理活動も行われている。

学校は，スクールソーシャルワーカー，パーソナルアシスタント，移民の子どもの支援教育，就学前教育，児童福祉施設などとの連携，協働について考慮すべきであると法律で定められている。そのような状況の中，学校に常勤の学校看護師，心理士，スクールソーシャルワーカー，スクールサイコロジスト，余暇指導員が配置されている。そして，医療機関も含まれたケアチームによって，個人のニーズにあったケアプランが立てられ実施されている。

　アメリカは，州によって異なっている。基本的には学校に常勤で，スクールサイコロジスト，スクールカウンセラー，スクールソーシャルワーカー，ティーチャーコンサルタントが配置されている。それぞれの専門家が対象としている生徒は，スクールサイコロジストは障がいなどで学校生活に困難をかかえている児童生徒，スクールカウンセラーは，全ての児童生徒，スクールソーシャルワーカーは，社会性に課題のある生徒，ティーチャーコンサルタントは障がい，あるいは障がいが疑われる児童生徒である。木原・石隈（2008）は，日本の学校で当てはめるとスクールサイコロジストは，教育相談担当教師や特別支援教育担当教師，スクールカウンセラーであると報告している。スクールカウンセラーは，生徒指導部主任，進路部主任，教育相談担当教師，担任に該当し，スクールソーシャルワーカーは，児童相談所職員，福祉センター児童担当にあたる。ティーチャーコンサルタントは，特別支援教育コーディネーター，教務主任に該当すると述べている。スクールサイコロジストの主な仕事はアセスメントと介入である。最近では教師へのコンサルテーションも行われるようになった。教育相談はガイダンスカウンセラーが行っている。また，藤田（2002）は，調査したアメリカの16州全てが，教師経験をスクールカウンセラーの必須要件としていると述べている。

　ドイツの学校には，学校に常勤で学校心理士（Schulpsychologe）ないし治療教育家（Heilpadagoge）がいて，児童生徒の教育相談にあたっている。また，進路指導のためのソーシャルワーカーを配置している学校もある。一部の中等学校では，特殊教育教師，学校相談職員，学校心理士，相談員，社会教育士，理学療法士，作業療法士，失業者雇用対策要員，ツィビルディンスト（兵役義

務者で、選考によって学校の支援にあたっている者）の職員がいる（小林，2007）。

　大韓民国では、学級において教員定数は1名である。大杉（2002）によれば、児童生徒の障がいの重度重複化・多様化により教師の負担は増加して、そのため学校独自の創意工夫で補助教員やボランティアを置くところも少なくなく、児童生徒の身辺介護を保護者が行う体制をとっている学校もあると述べられている。特別なニーズ教育を行う専門家が不足している状態である。

（4）コーディネーターとその教育制度

　諸外国8ヵ国中ドイツ、大韓民国以外の6ヵ国で、特別なニーズ教育におけるチーム援助が活発に行われていた。また、校内において特別なニーズ教育の中心となる教職員がいた。

　コーディネーターを法律で位置づけているのは、イギリスであった。徳永（2004）は、イギリスでは主任以上の権限を持った教師が、コーディネーターを務めているとしている。主任は、校長、教頭に次ぐ権限を持っている。イギリスにおけるSENコーディネーターは、学校のSENに関する教育方針を実行する役割、校内の支援を調整する役割、及び特別なニーズ教育に対して学校全体の責任を持つと法律で定められた（土谷，2003）。SENコーディネーターは、特別な教育的ニーズに関する修士以上の資格が必要である（土谷，2003）。教師は、現職研修と審査によってSENコーディネーターの資格を取得できる。

　コーディネーターとしては位置づけていないが、資格のある支援教師(Insegnante di Sostengo)がコーディネーターの役割を行っていたのがイタリアであった。イタリアは、全ての児童生徒に通常学校で学ぶ権利が保障されている。義務教育から大学教育まで統合教育が進んでいる（関・鈴村，1987；鹿倉，1999；Palo，1999；一木，2000；酒井，2002；笹本・大内・武田・石川，2002）。支援教師制度は、1989（平成元）年に通常学校の中での特別なニーズ教育のために設置された。支援教師は、学校内や外部の福祉機関や医療機関との連携を行い、特別なニーズ教育に対して学校全体の責任を持つとしている。1人の重度の児童生徒に対して1人、3〜4人の軽度の児童生徒に対して1人の支援教師がつき、担任と

チームを組んで特別なニーズ教育を行う（笹本・大内・武田・石川，2002）。また，支援教師は，クラス全体もみる。イタリアの支援教師の資格は，大学卒業後2年間1,300時間の養成課程と試験合格によって取得できる（武田・宍戸，2004）。教師も現職研修によって支援教師の資格がとれる。また，支援教師と他の教師との給料差はない。しかし，課題は，支援教師に資質の格差があることである。

　コーディネーターはいないが，校長が関係者を定期的に招集して会議を開いている国はフランス，フィンランドであった。

　フランスでは，校長が親を含む教育，医療，福祉，学校心理士など，子どもにかかわる関係者による会議を定期的に招集している。フィンランドは，校長，担任，特別教師，生徒保護（Student Welfare 生徒の身体面・精神面・社会面のケアを促進する担当），スクールカウンセラー，学校看護師，ソーシャルワーカーからなる生徒サービスチームがあり毎月会議を開いている。管理職のリーダーシップのもと，教師以外の専門家と教師が，学習を支援するために児童生徒への関与が行われている。なお，教師は全員大学院修士課程修了者である。

　多様な専門家が学校に常勤配置され，援助内容によってコーディネーターの役割が変わる国がスウェーデン，アメリカである。

　高橋・是永（2004）によれば，スウェーデンは，学校での児童生徒の教育問題に対して，特別教育家（Specialpedagog）が中心となってチーム援助を行っている。社会的問題については，スクールソーシャルワーカーが中心となってチーム援助を行っている。心理的問題については，心理士が中心となってチーム援助を行っている。スウェーデンの特別教育家は大学卒業後，学校教師・就学前教育教師・福祉などの3年の実務経験の他，大学での1年から1年半の養成課程が必要である。教師も現職研修によって資格を取得できる。特別教育家の役割の重要性から，大学でのカリキュラムは検討中である。

　アメリカでは州によって異なるが，教師以外の多様な専門家が配置されている（鈴木，1999；今川，2002；山谷，2002；今川，2003）。特に，1990年代に入るとチーム援助が重要視されるようになった（八並・岡田，2001）。支援の内容により，コーディネーターとなる専門家が変わる。スクールサイコロジスト，スクー

ルカウンセラー，スクールソーシャルワーカー，ティーチャーコンサルタントが，コーディネーターを務める場合もある。さらに，一部の公立学校では，スチューデントサポートサービスコーディネーター（Student Support Service Coordinator）が配置されていた（石隈，1999）。木原・石隈（2008）は，学校における専門家によるコンサルテーションの必要性が高まっていると述べている。つまり，スクールサイコロジスト，スクールカウンセラーなどの教師以外の専門家中心の援助から，多様な教職員によるチーム援助が重要となり，中心となるコーディネーターの必要性が課題と考えられる。

　コーディネーターやそれに相当する役割について，記載がなかった国はドイツ，大韓民国であった。

　ドイツでは，一部の州では移動特殊教育教師を配置し教師等のコンサルテーションを行っているが，特別なニーズ教育についての国全体としての統計はない（當島・早坂・滝坂，2002）。大韓民国では，コーディネーターの設置はみられなかった。大杉（2003）によれば，通常学級に配置された特殊教育対象児童生徒の教育のために，一般教師の特殊教育研修を強化しつつ，対象児童生徒に対する個別化教育の実施をしていると述べている。しかし，地方教育局においても専門担当者が不足しており，役割を遂行できない現状であるとしている。

　日本について八木（2006）は，特別支援教育は各自治体で体制の在り方と構築を模索している段階で，特別支援教育コーディネーターの人材育成も進められているところであると述べている。さらに，日本の学校では不登校対策委員会の設置やスクールカウンセラーの配置など，生徒のニーズにあった検討がなされているが，コーディネーターについては，まだ確立されていないのが現状である。

第2節　今後の方向性

　諸外国8ヵ国中ドイツ，大韓民国以外の6ヵ国で，特別なニーズ教育におけるチーム援助が活発に行われ，困難をかかえた児童生徒のために校内外の多様

な専門家が配置されていることが示された。そして，学校には，常勤教師のSENコーディネーター，支援教師，校長，教師以外の各専門家等，何らかのコーディネーター役がいることが示された。コーディネーター役は，チーム援助に責任を持ち，教師と教師以外の多様な専門家を結び，援助チームを促進する役割を担っていることが示された。

日本の高校における特別なニーズ教育の理念形成や，特別なニーズ教育を担うコーディネーターを検討し，今後の方向性について論じる。

（1）特別なニーズ教育の理念形成

どの国も特別なニーズ教育が簡単に実施できたのではない。比較的，教師に抵抗なく実施できたのは，福祉国家のスウェーデン，フィンランドである。これらの国は，平等や機会均等の意識が行きわたっているため，特別なニーズ教育が進んでいた。

また，特別なニーズ教育が進んだ国では，校内外に医師を含む多様な専門家が配置されていた。そして，これらの多様な専門家は，知見に基づいて，教師を知識面・技術面で支えていた。フランスは，特別なニーズ教育のために法律を整備し，多様な専門家を配置し技術的に教師をサポートしても，通常学校の教師は学業を教えるという意識が強く，障害のある生徒を受け入れることに時間がかかった（棟方，2006）。

日本においても，教師以外の専門家が配置されても，教師の教科指導中心の意識だけでは，特別なニーズ教育を行うことはできない。教師の困難をかかえた生徒への援助意識が課題となっていることが示された。

また，アメリカは教師以外の専門家中心の援助から，教師を含めたチーム援助を行うようになった。このように，教師以外の専門家の職能意識だけでは，特別なニーズ教育の効果を上げることができない。教師と教師以外の多様な専門家がチーム援助し，特別なニーズ教育を実践しながら，理念を形成することが重要であろう。

さらに，石隈・永松・今田（1999）によれば，アメリカでは，法律によって

個別支援計画と教育課程を関連づけているとされている。教師に，個別支援計画と教育課程の関係を明確にすることにより，教師の教科指導の中に，特別なニーズ教育における包括的な取り組みを行うことができる。イギリスの学校では，SEN コーディネーターの実施規則や特別な教育的ニーズについては父母の参加による学校理事会（School Governing Bodies）の責任事項にすることにより，援助の実態を情報公開している。

　日本の高校は，スクールカウンセラーの配置率は低く，教師は教師以外の専門家の利用は難しい。そのため，困難をかかえた個々の生徒への理解が難しく，教師は集団指導傾向になりやすい。さらに，援助のための専門的知識がないため，教師は教科指導中心になりやすい。日本で，特別なニーズ教育を進めるには，イギリス，イタリア，フィンランド，フランス，スウェーデン，アメリカのように，学校のための多様な専門家を配置する必要がある。その上で，多様な専門家は，専門的な知見に基づいて，教師を知識面や技術面，心理面で支える必要がある。

　さらに，日本の高校は普通学科では大学入試のための教育が，学校教育の中心になっている。専門学科では就職のための資格取得が，学校教育の中心となっている。教師には，学校教育の方針を間違えば教育困難校になるというプレッシャーがある。大学入試や就職試験という学校教育に配慮しつつ，多様な専門家の手厚いサポートを活用して，教師に特別なニーズ教育の理念を形成させる必要がある。

　このように多様な専門家を配置した上で，場合によっては，日本も法令の改訂を繰り返し，教師への特別なニーズ教育の実施にあたっての教師の責務と罰則規定を提示し理解を深めていくことが必要と思われる。大学入試や就職試験を配慮しつつ，教科における特別なニーズ教育の援助を義務づけるのである。そのための多様な専門家を設置する予算措置は重要である。

（2）専門的なコーディネーターの必要性

　特別なニーズ教育の進んだ欧米6ヵ国の学校には，SEN コーディネーター，

支援教師，校長，教師以外の各専門家などがコーディネーターを務めていた。そのコーディネーターは，教師と教師以外の多様な専門家を結び，チーム援助に責任を持っていた。つまり，対象国の実態から，特別なニーズ教育は，教師だけでも，教師以外の多様な専門家だけでも行うことができず，それらをつなげるコーディネーターが必要であることが示された。コーディネーターは，欧米6ヵ国全て学校の常勤教職員であった。また，コーディネーターを2つに分けることができた。(a) 権限を持っている校長，(b) 各校に配置されている専門性の高い教職員である。権限を持っている校長がコーディネーターを務めていた国では，援助チームのスタッフの中にスクールカウンセラー，スクールサイコロジスト，スクールソーシャルワーカーなど，専門性の高い教職員がいた。

　コーディネーターの条件をまとめると，学校の事情をよく理解している常勤教職員で，役割分担の権限と専門性が必要であることが示された。その理由を検討する。特別なニーズ教育を行うには，教師と教師以外の専門家であるセラピスト，スクールソーシャルワーカー，スクールサイコロジストなどが必要である。しかし，それぞれの各専門家の援助だけでは特別なニーズ教育は進まない。学校は，教師が中心となって，教育にあたっている。教師と教師以外の専門家と連携しながら，教師を主体として，学校教育が進むのである。つまり，困難をかかえた生徒の教育のためには，コーディネーターは，教師以外の専門家と連携し，教育の主体者である教師を活用することが重要である。したがって，ある程度学校や教師の実態に精通している必要がある。そのため，常勤教職員で，学校や教師の実態を理解し，それぞれの役割分担を行う権限が必要である。さらに，教師以外の専門家と連携するために専門的知識や能力が必要である。

　欧米6ヵ国のコーディネーターを挙げる。イギリスでは常勤のSENコーディネーター，イタリアでは，常勤の支援教師がコーディネーターを務めていた。スウェーデン，アメリカでは教師以外の常勤の専門家がコーディネーターを務めていた。フィンランド，フランスでは校長が務めていた。校長がコーディネー

ターを務めていたこれらの国ではスタッフの中に教師以外の多様な専門家が配置されていた。日本では教師以外の専門家はスクールカウンセラーのみである。また，日本のスクールカウンセラーは非常勤職員であり，原則1年契約で，学校や教師の実態などに精通することは難しく，コーディネーターを務めることは，困難である。常勤職員である教師は，学校の実態や教師の特徴，役割などの学校の事情に精通している。したがって，日本の高校では教師が，コーディネーター役となることが，現在の学校相談体制からの展開としては適切だと考えられる。ただし，その教師は，教師と教師以外の多様な専門家を結ぶための，何らかの専門性が必要であろう。また，日本の学校には，教師以外の専門家の配置はスクールカウンセラーのみである。困難をかかえた生徒を援助するために，教師は適切な校外専門家を見つけなければならない。そのためにも校外専門家についての知識も必要であろう。

　さらに，文部科学省は，校長が特別支援教育コーディネーターを指名するとしている（文部科学省，2007a）。さらに，内野・高橋（2008）は，高校における教科，科目等の履修，修得の認定や進級，卒業の認定の制度が，特別なニーズ教育の対象生徒に対応していないとしている。イギリスのSENコーディネーターは，法律によって権限を持っていた。特別なニーズ教育を行うための進級，卒業の法律の裏づけがなく，権限の少ない教師が，校内外の各専門家に役割分担をしつつ，援助チームをまとめるコーディネーターを行うことは，非常に難しいと思われる。このような役割を担うためには，日本においても，校長がコーディネーターを務めていたフィンランド，フランスのように，一定の権限が必要であると思われる。専門性と権限によって，多様な専門家を生かすコーディネーターが務まるのである。

（3）コーディネーターの研修

　次に，コーディネーターの研修制度について検討する。

　欧米のコーディネーターは，大学院修士課程修了者か，または大学学部卒業後1年以上の養成期間を経ている。現役教師の場合，研修で同等の専門性と資格を身につけていた。

日本で最も早く教育支援コーディネーター制度をつくり，研修に力を入れている神奈川県の研修時間は45時間である（神奈川県教育委員会，2008）。筆者による神奈川県の教育支援コーディネーター指導担当者へのインタビュー調査では，受講者は教師としての勤務があるため，年45時間以上の研修時間の確保は難しいという意見であった。

　日本のコーディネーターの研修時間は短く，専門性が不足していると思われる。新井（2005）の調査によれば，特別支援教育コーディネーターに，仕事に対する満足度を聞いたところ，70％以上のコーディネーターが「やや不満・不満」と答えている。不満の理由は，48.7％の人が役割の不明確，38.5％の人が校内に常時相談できる人がいなかった，33.3％が適切な支援ができなかったと述べている。つまり，障がいのある生徒のためのコーディネーターでさえ役割が曖昧であり，専門家との関係構築が困難な状態である。さらに，特別なニーズ教育にかかわる教師を知識面や技術面，心理面で援助する体制が整備されていない実態がある。

　一方，特別なニーズ教育が進んでいる6ヵ国のコーディネーターは，多様な専門家が配置されている上で，大学院1年以上の研修を受けている国もあった。日本の高校は，利用しやすい多様な専門家の配置がない。したがって，日本の高校では，欧米のコーディネーターとは異なる役割や専門性が求められる。日本の高校における，教師と教師以外の多様な専門家を結ぶコーディネーターの役割や専門性をあきらかにする必要がある。そして，最低でも大学院1年以上の研修は必要であろう。その上でコーディネーターの育成には，研修制度を整えることが重要である。

第2章
日本の学校相談活動の方向性

　本章では，日本の学校相談活動の実態を検討する。まず，第1節では，日本の中高校における相談活動に関する先行研究を概観し，スクールカウンセラーや教師による援助の在り方の特徴をまとめ，コーディネーターの条件やコーディネーターを担う者について検討する。さらに，第2節では，第1節だけでは捉えきれない，高校教育相談担当教師の能力や援助方法などを理解するために，質問紙調査を行い，高校教育相談担当教師の特徴を検討する。そして，第3節では，第1節から第2節をまとめ，コーディネーターを担う教育相談担当教師の可能性を検討する。

第1節　日本の中高校における相談活動に関する先行研究の概観

　本節では，日本における中高校の相談活動に関する研究を概観し，コーディネーターの条件やコーディネーターを担う者について検討する。現在のところ一般的には，学校現場で相談活動を担う教師以外の専門家は，非常勤のスクールカウンセラーとスクールソーシャルワーカーである。スクールソーシャルワーカーはスタートしたばかりであり，本節から除外した。また，高校の事例研究論文が10論文と少ないことから，中学校の事例研究論文を加えた。

　事例研究論文の検索方法を説明する。2001（平成13）～2008（平成20）年の8年間に，以下の5つの学術誌（『カウンセリング研究』『学校教育相談研究』『学校心理学研究』『教育心理学研究』『心理臨床学研究』）に掲載された中高校における相談活動に関する原著論文と事例研究論文を全て収集した。中高校における相談活動に関する原著論文と事例研究論文は，1,014件中37論文であった。学校に

おける生徒の援助者である教師とスクールカウンセラーは専門性が異なるので，それぞれの援助の特徴をみるために，スクールカウンセラーが第一著者の論文と教師が第一著者の論文に分け，援助の特徴，専門家との連携について比較し，臨床能力，校外専門家との連携，生徒に対する情報の質という観点から検討した。筆者と学校教育臨床系大学院生2名の合計3名の合議により，特徴をまとめた。続いて，コーディネーターの条件について考察した。本書のコーディネーターの定義は，「生徒のニーズにあった援助を目的に，援助チームを形成促進し，援助が的確なものになるように統合する者」であるが，論文に記載されていたコーディネーターに該当するものの活動について，詳細な記載がないため，本節では連絡調整役をとったものも含めてコーディネーター役割とした。

(1) 事例研究論文の内訳

収集された事例研究論文は，37論文66事例（中学校27論文54事例，高校10論文12事例）であった。

スクールカウンセラーによる論文は52事例（中学校48事例，高校4事例）あった。教師による論文は14事例（中学校6事例，高校8事例）であった。

事例の内容を第一主訴で分類する。スクールカウンセラーによる事例は，不登校または別室登校の生徒が32事例（61.5％）であった。

一方，教師による事例は，不登校傾向の生徒，虐待傾向の生徒，試験観察中の生徒，自己臭を訴える生徒，自殺未遂の経験がある生徒など深刻で多様であった。特に高校教師による事例は，自殺未遂，自傷行為に関する事例が8事例中4事例（50.0％）と多かった。

先行研究からみたスクールカウンセラーと教師の学校相談活動の特徴を報告する。

スクールカウンセラーと教師に分け，それぞれの相談活動の概要をまとめたものが表2-1である。

第2章 日本の学校相談活動の方向性

表2-1 5学術誌の掲載論文におけるSC・教師による中高校の相談活動　(％)

SCによる相談活動	事例数	教師による相談活動	事例数
チーム援助機能する	33 (63.5)	チーム援助機能する	13 (92.9)
内訳 専門機関から学校へ 　なし		内訳 専門機関から学校へ，継続して連携有り ・精神疾患の母親を持つ不登校傾向　　　　　　　　1	1
学校から早期に校外専門機関（コンサルテーションの記載あり） ・別室登校生徒＊1　　　　　　　　1 ・ネグレクトよる被虐待生徒＊2　　1	2	学校から早期に校外専門機関へ，継続した連携有り ・山村留学中失踪した生徒　　　　1 ・児童虐待傾向の生徒　　　　　　1 ・試験観察中の生徒，後にADHDと診断　　　　　　　　　　　　　1 ・自傷行為と自殺未遂をした生徒　3 ・摂食障害の生徒　　　　　　　　1	7
校内のみのチーム援助（コンサルテーションの記載あり） ・不登校　　　　　　　　　　　15 ・別室登校　　　　　　　　　　　3 ・調子が悪い　　　　　　　　　　1 ・非行　　　　　　　　　　　　　3 ・いじめられ経験　　　　　　　　1	23	校内のみのチーム援助 ・不登校生徒　　　　　　　　　　3 ・自己臭を訴える生徒　　　　　　1 ・自殺未遂と暴力被害の生徒　　　1	5
担任と生徒または保護者への合同面接 ・不登校生徒　　　　　　　　　　7 ・いじめられ経験　　　　　　　　1	8		
チーム援助機能せず ・別室登校生徒　　　　　　　　　1	1 (1.9)	チーム援助機能せず	0
チーム援助なし（コンサルテーションの記載なし） ・不登校生徒　　　　　　　　　　5 ・非行傾向　　　　　　　　　　12 ・毛髪胃石症　　　　　　　　　　1	18 (34.6)	チーム援助なし ・不登校傾向　　　　　　　　　　1	1 (7.1)

注：教師の連携先
　　病院と福祉のケースワーカー，保健所精神保健相談員，母親の主治医，妹の中学校担任，母子相談員，保健師，生活保護ケースワーカー，児童福祉司，裁判所調査官，医療機関等と継続して連携。
　　SCとはスクールカウンセラーのこと。
　＊1　SCは心療内科を紹介した。
　＊2　SCは校長に報告，校長から児童相談所に通告，SCは1回のみ児童相談所と連携した。
出所：筆者作成。

（2）援助の特徴

教師による論文は，不登校以外の深刻で複雑な問題をかかえた生徒が多く，校内ばかりか多様な校外の専門家によるチーム援助中心の活動であった。一方，スクールカウンセラーによる事例は，コンサルテーションと心理面接を主体とした援助であることが特徴であった。なお，専門家に個別に相談し助言を仰ぐことをコンサルテーションという。したがって，コンサルテーションはチーム援助の元となる。

1）教師による援助

中高校教師による論文は14事例であった。その中で，13事例（92.9%）は校内または校内外のチーム援助が行われていた（外山，2001；外山，2002；水野，2003；星野，2003；南澤，2001；片桐，2002；山寺・高橋，2004；田中，2005；大前，2006；栗原，2006；石川，2008）。教師の心理面接のみの事例は，1事例（小泉，2008）のみであった。

教師による事例は校内外の多様な専門家によるチーム援助が主であり，その概観は以下の通りである。

専門機関から学校に援助の要請があった事例は，1事例（水野，2003）であった。水野（2003）による事例は，ケースワーカーが学校に，精神疾患の母親を持つ不登校傾向生徒の援助を要請したというもの。教育相談担当教師が中心となって，病院と福祉のケースワーカー，保健所の精神保健相談員，母親の主治医，妹の中学校担任が継続して連携し援助を行った。

学校から早期に校外専門機関と連携した事例は，7事例であった。星野(2003)による事例では，児童虐待されている生徒を，教頭が中心となって，校長，担任，学年団，生活指導，養護教諭，保健師，生活保護ケースワーカー，児童福祉司が，学校で会議を開き継続して家族の対応にあたっていたというもの。片桐（2002）による事例では，教師は注意欠如多動性障害（ADHD）の生徒のアセスメントが遅れ適切な援助に時間がかかったというもの。試験観察中の生徒を生徒指導部主任が中心となって，医療機関と裁判所調査官と学校が継続して援助にあたった。南澤（2001）による事例では，山村留学中失踪した生徒を，

生徒指導部主任が中心となって，担任，山村留学センター指導員が継続して生徒の援助にあたったというもの。山寺・高橋（2004），田中（2005），石川（2008）による事例では，自傷行為と自殺未遂した生徒を，養護教諭や教育相談担当教師が中心となって，医療，相談機関と継続して援助にあたったというもの。栗原（2006）による事例は，摂食障がいの生徒を，教育相談担当教師が中心となって医療機関を紹介し，担任と学年主任が継続的に援助にあたったというものである。

校内のみのチーム援助は5事例であった。外山（2001）による事例では，自己臭を訴える生徒を，養護教諭が中心となって，座席や授業中の指名，学校行事について具体的な配慮をし，教師集団が援助にあたったというもの。外山（2002）による事例では，暴力の被害を受け自殺未遂をした生徒を，養護教諭が中心となって，担任とともにピアサポーターの指導にあたったというもの。大前（2006）による事例では，教育相談担当教師が担任に助言を行っている。

2）スクールカウンセラーによる援助

スクールカウンセラーによる論文は52事例であった。その中で，チーム援助が行われた事例は，33事例（63.5%）であった。そのうち，31事例が校内のみのチーム援助であった。コンサルテーションの記載がなく心理面接中心の援助が行われた事例は，18事例（34.6%）であった。また，スクールカウンセラーが，チーム援助の働きかけを行ったが，担任は興味を示さず，チーム援助が行われなかったものが1事例（1.9%）であった。

スクールカウンセラーのチーム援助の概観は以下の通りであった。

コンサルテーションに校外専門機関の紹介を含むチーム援助事例は，2事例（3.8%）であった（田村・石隈，2003；竹崎，2006）。田村・石隈（2003）の事例は，人目をさける別室登校生徒を心療内科に紹介したというもの。竹崎（2006）の事例は，ネグレクトによる被害を受けている生徒を校長に報告し，校長から児童相談所に通告したというものである。

コンサルテーションに校外専門機関の紹介を含まない校内のみのチーム援助事例は，23事例（44.2%）あった（野々村，2001；渡部，2002；早川，2002；鈴木，

2003；田村・石隈，2003；中村，2004；目黒，2004；青戸・田上，2005；福丸，2005；中川，2005；中村・田上，2005；武田，2005；青戸・松原，2006；東，2006；川俣・河村，2007；竹森，2007；中村・田上，2008)。コンサルテーションの援助は，ほとんどが担任，保護者とスクールカウンセラー間のみのチーム援助であった。

　スクールカウンセラーが役割分担を担任に依頼したのは5事例のみであった。早川（2002）による事例は，スクールカウンセラーは担任に母親のサポートを依頼した。青戸・田上（2005）と川俣・河村（2007）による事例は，担任へ不登校生徒がクラスで過ごしやすくできるように依頼した。中村（2004），中村・田上（2005）による事例は，不登校生徒の能力や嗜好を教師集団に説明し，学習援助を促したというものであった。

　スクールカウンセラーと担任による，生徒または保護者への合同面接事例は，8事例（15.4％）であった（野々村，2001；佐藤，2006）。

　スクールカウンセラーがチーム援助をしようとしたが，担任が生徒に興味を示さずチーム援助が行われなかった事例は，1事例（1.9％）であった（半田，2005）。半田（2005）は「担任から不登校生徒へのかかわり方などについて，疑問や質問は出されなかった」と述べている。担任は援助の依頼をしたものの生徒の援助に協力せず，スクールカウンセラーは，生徒の内的資源を活用して援助した。類似した事例を中川（2005）が報告している。中川（2005）による事例は，いじめを訴えてきた生徒の援助に担任が対応しなかったというものであった。そのため，スクールカウンセラーは，生徒の好きな教科である音楽教科担任に生徒の状況を説明した。そのことにより，音楽の教科担任は学年会でクラス替えの際に配慮した方がよいと発言をした。

　一方，心理面接中心の援助でコンサルテーションの記載のなかったものは，18事例（34.6％）であった（岩倉，2003；田中，2003；池田，2005；井上，2006；西村，2006）。不登校生徒や非行傾向生徒，毛髪胃石症の生徒に，コラージュを中心とした面接や言語面接をした。

（3）校外専門家との連携について

校外専門家と連携して援助をすることについて検討する。

教師による事例は，全14事例中8事例（中学校3事例，高校5事例）は，教師が継続して校外専門家とかかわった。校外専門家としては，ケースワーカー，精神保健相談員，生徒の主治医，母親の主治医，妹の中学校担任，母子相談員，保健師，児童福祉司，裁判所調査官，山村留学センター指導員など多様な専門家が挙げられた。

一方，スクールカウンセラーによる事例では，校外専門家を紹介し援助したのは，全52事例中2事例のみであった。田村・石隈（2003）の事例は，対人恐怖になり不登校になった生徒を医療機関に紹介したというもの。竹崎（2006）の事例は，育児放棄された生徒を校長に報告し，校長は児童相談所に通告したというもの。竹崎（2006）は生徒に付き添って児童相談所に一度行っていた。困難をかかえた生徒の援助は，時間がかかり，各専門家が継続してかかわることは必要である。しかし，校外専門家と継続した連携は，スクールカウンセラーによる事例から確認できなかった。専門家ではないが，佐藤（2006）は外部機関であるメンタルフレンドを紹介し，継続して連携していた。

（4）教師以外の専門家とコーディネーターの必要性

先行研究から，中高校におけるスクールカウンセラーと教師の相談活動の特徴を概観した。ここまでの議論をまとめて，日本における中高校の相談活動の課題とコーディネーターの方向性について述べる。

表2-2に，先行研究からの学校相談活動におけるスクールカウンセラーと教師の援助の特徴をまとめた。

スクールカウンセラーは，コンサルテーションと心理面接主体の援助である。コンサルテーションとは，困難をかかえた生徒のアセスメントに基づいて教師に助言することである。スクールカウンセラーはアセスメントの専門性があるため，適切な対応ができるといっていいだろう。しかし，担任とスクールカウンセラー間のチーム援助が中心で，多様な専門家が困難をかかえた生徒に対し

表2-2　スクールカウンセラーと教師の援助の特徴

	スクールカウンセラー	教　師
ケースの内容	不登校中心	多　様
情報の特徴	個人の内面の情報が多い	生活情報が多い
支援内容の特徴等	①コンサルテーション・心理面接主体 ②役割分担の指示は少ない ③スクールカウンセラーによる教師へ助言は有効。しかし、役割を分担できない担任もいる。	①チーム援助傾向 　校外専門機関と連携した場合、連携先は多様。
専門性	アセスメントを行う能力（個人の心の状況を理解する力）高い。	アセスメントを行う能力（個人の心の状況を理解する力）は低い。したがって、適切な対応に時間がかかる場合がある。

出所：筆者作成。

て相互に連携をし、援助を行っている事例はほとんどなかった。

　一方、教師は、校内外の多様な専門家と連携してチーム援助中心の活動を行っていることが、特徴として示された。教師は、チーム援助形成能力と連携の専門性が、高いといえるだろう。しかし、スクールカウンセラーと違い教師は、困難をかかえた生徒についてアセスメントを行う訓練がされていない。生徒指導部主任である片桐（2002）の事例は、学校内にADHDのアセスメントに時間がかかり医師との連携が遅れ適切な対応が遅れたものであった。また、教師のみで対応した事例は、52事例中2論文4事例（6.1％）（大前、2006；小泉、2008）しかなかった。困難をかかえた生徒の援助には、教師だけのチーム援助で対応しようとするには、限界があることを示している。援助を行っていくには、適所に教師や教師以外の専門家の援助を生かすことが重要であると思われる。そして、教師が行ったように各専門家の援助を、困難をかかえた生徒の援助に適所に生かすためには、援助チームを形成促進し、援助が的確なものになるように統合するコーディネーターが必要であろう。

　さらに、養護教諭である外山（2001）は、チームで援助していくには、日頃の人間関係や教職員の時間的、精神的ゆとりも大切と述べている。このことは、

表2－3　5学術誌の掲載論文における校内外の複数専門家のコーディネーター役担当者と特徴

コーディネーター役	内訳（％）	特　　徴
教育相談担当教師	4事例 25.0%	教育相談担当者，学校に関する生活情報多い。
養護教諭	3事例 18.8%	健康相談，教育相談担当者，学校に関する生活情報多い。
スクールカウンセラー	2事例 12.5%	臨床心理学の専門性高い，非常勤のため学校に関する生活情報少ない。
校　長	2事例 12.5%	学校の責任者，役割分担の権限有り，学校に関する生活情報多い。
教　頭	2事例 12.5%	学校の責任者，役割分担の権限有り，学校に関する生活情報多い。
生徒指導部主任	2事例 12.5%	生徒指導の責任者，役割分担の権限有り，学校に関する生活情報多い。
学年主任	1事例 6.3%	学年の責任者，役割分担の権限有り，学校に関する生活情報多い。

出所：筆者作成。

生徒の対応ばかりでなく，チーム援助の進め方の難しさから，コーディネーター役の必要性を示している。

（5）コーディネーターについて

　校外専門家や複数の教師の連絡調整役である，コーディネーターについて検討する。コーディネーター役についての記載があったものは，スクールカウンセラーによる論文では6事例(37.5%)，一方，教師による論文は10事例(62.5%)であった。

　表2－3に，先行研究における校内外の複数専門家のコーディネーター役の担当者と特徴をまとめた。

　教師による事例は，精神疾患の母親を持つ不登校傾向や自傷行為と自殺未遂した生徒等深刻化した事例が多く，多様な校外専門家との継続した連携によるチーム援助が行われていた。多様な校内外専門家との継続した連携のために，校内外の各専門家間の連絡調整役となる教師コーディネーターを必要としていたと思われる。次に，校内外の多様な専門家のコーディネーター役をどの教師

が行ったかを具体的に検討する。

　コーディネーターの権限について概観する。分掌主任以上の権限を持ったものがコーディネーター役となっている事例は7事例あった。校長2事例，教頭2事例，生徒指導部主任2事例，学年主任1事例である。主任以上は，校務分掌上のとりまとめと役割分担の指示ができる権限を持っている。分掌主任以上の権限を持った教師がコーディネーターの43.8%を占めていたことは，困難をかかえた生徒の援助は，校内の理解が必要であり一定の役割分担の権限も重要であると思われる。分掌主任以下の権限を持ったコーディネーターは9事例で，教育相談担当教師が4事例（水野，2003；田中，2005；栗原，2006；石川，2008），養護教諭が3事例（外山，2001；外山，2002；山寺・高橋，2004）である。コーディネーター役が記載されていた16事例の中で，教育相談担当教師は25.0%を占め，最も多かった。教育相談担当教師は，分掌主任以下の権限しか持たないが，学校相談活動の分掌担当者であり，学校内で連絡調整役も果たす。このことから，教育相談担当教師はコーディネーター役としての可能性があることが示された。

　一方，スクールカウンセラーでは，校内外の多様な専門家のコーディネーターに該当するものは2事例のみであった（田村・石隈，2003；竹崎，2006）。さらに，スクールカウンセラーの校内の役割分担の指示については，先行研究では，5事例のみであった。スクールカウンセラーは，助言であるコンサルテーションを行い，チーム援助を行うが，一般的に教師へ助言以上の役割分担の指示は難しいと思われる。同様に，川俣・河村（2007）による事例は，常勤カウンセラーであるが，学年主任がコーディネーターを務めていた。常勤職員であるカウンセラーのため，校内の事情にも精通していると思われたが，別にコーディネーターを置いた。このことは，コーディネーターは，カウンセラーとは異なる専門性や役割であることが推測される。また，スクールカウンセラーの援助は，担任へのコンサルテーションという2者関係のものが多く，多様な専門家の援助体制を形成するに至っていない。

　瀬戸・石隈（2002）は，スクールカウンセラーが加わることで，生徒の担任，保護者，校外専門家という援助資源が活用されると考察している。しかし，先

行研究からは,スクールカウンセラーによる校外専門家の活用は田村・石隈(2003),竹崎(2006)による2事例のみであった。瀬戸・石隈(2002)は,生徒指導部主任・養護教諭・教育相談担当教師と比較し,スクールカウンセラーは学校組織全体への働きかけである「マネージメント行動」や,「情報収集行動」のコーディネーション行動の中心となる行動をしない方がよいと判断していると考察している。生徒にとって,学習,進路指導や集団生活は負荷にもなるし,動機づけにもなる。コーディネーターは,生徒の学校生活における援助のタイミングを考慮する必要がある。特に,高校のスクールカウンセラー配置率は17.5%で,非常勤である。そのため,スクールカウンセラーは,学校生活に関する情報が少ないために状況判断が難しく,的確な介入のタイミングや校内外専門家の役割分担を行うという,コーディネーターの役割は困難だと思われる。また,カウンセラーは,コーディネーターと異なる役割であると推測される。

多様な専門家によるチーム援助を促進するためには,学校生活に関する情報が多く的確な介入のタイミングを把握できる教師コーディネーターが必要であることが示された。鵜養(2002)は,アメリカの学校教育は,日本に比べると潤沢な人的,物的資源に恵まれた教育状況の中で,すでに専門分化していた様々な職種が,もう一度集まってチームとしての再統合を目指していると論じている。日本は教師中心の学校の中で,援助のために教師以外の専門家をどのように活用するかが課題である。そのために必要なコーディネーターの専門性や条件について,さらに考察する。

(6) コーディネーターを担う者の条件

スクールカウンセラーの事例で,チーム援助が機能した事例が33事例(63.5%)であったのに対して,教師では13事例(92.9%)においてチーム援助が行われた。さらに,教師による事例は,コーディネーターを置いて,多様な校外専門家と継続した援助が行われる事例が多い。

スクールカウンセラーに,校外専門家との連携が少なかった要因の一つに,スクールカウンセラーによる事例は,多くが不登校事例であるためだと考えら

れる。文部科学省（2007b）は不登校問題の対応について，スクールカウンセラー制度の活用を挙げており，不登校の援助はスクールカウンセラーの専門性が高い領域のためと思われる。

しかし，実際のところ，生徒は不登校以外にも様々な問題をかかえており，援助のためには多様な校内外専門家が必要と思われる。

一方，教師による事例は，10事例（71.4％）がコーディネーターを設置し，チーム援助を行っていた。そして，8事例（61.5％）が，校内外の多様な専門家によるチーム援助を行っていた。さらに，校内外の多様な専門家と継続して連携をしていた。コーディネーター役には，教育相談担当教師が最も多い。瀬戸・石隈（2002）は，生徒指導部主任・養護教諭・スクールカウンセラーと比較し，教育相談担当教師代表者は援助チーム形成能力があることを挙げている。教育相談担当教師代表者とは，高校には複数の教育相談担当教師がいるがその長でまとめ役である。教育相談担当教師がコーディネーターを務めた理由は，校内の事情に精通しており学校相談活動の担当者であるため役割分担し援助チームを形成しやすいためであろう。常勤であることから，学校生活に関する情報など校内の事情に精通し，タイミングのあった援助を行うことができると考える。常勤の教育相談担当教師は，学校相談活動の担当者であるため校内の援助体制を形成しやすく，さらに，校内の事情に精通して，タイミングのあった援助を行うことができる。

しかし，教育相談担当教師は，一般的にコーディネーターとしての特別な訓練や教育を受けているわけではない。したがって，校内外援助体制を整えチーム援助を形成していくための訓練を受けることによって，適切な校内外の援助資源を活用できると考える。

生徒のアセスメントや校外専門家活用のために何らかの専門性が必要であろう。文部科学省（2010）は，特別支援コーディネーターについて，専門性を有するとしているが，具体的に専門性をあきらかにしていない。障がいの有無にかかわりなく，コーディネーターの専門性を検討するために，コーディネーターの研究による知見が必要である。

また，援助体制を組もうとしても，チーム援助が機能しないことがある。スクールカウンセラーの半田（2005），中川（2005）による事例のように，担任がスクールカウンセラーに困難をかかえた生徒の対応を依頼しても，担任自身は興味を示さない場合がある。日本の高校においては，困難をかかえた生徒の個別援助は，担任の判断に任されている。効果的なチーム援助をするためには，生徒への援助に対して自発性が乏しい教師をうまくチームに参加させることが必要であり，瀬戸・石隈（2002）が述べているようにコーディネーターに，ある程度の権限も必要であろう。

わが国の中高校における相談活動の課題と実際を検討した。そして，チーム援助を促す，コーディネーターの条件を考察した。

中高校の事例研究論文より，深刻化しやすい高校生の援助には，校内外の多様な専門家がチームを組み適所に援助する必要があることが示された。そして，多様な専門家がチームを組む場合コーディネーターが必要であることも示された。さらに，先行研究では，教育相談担当教師が，最も多くコーディネーターを務めていた。したがって，教育相談担当教師がコーディネーターを務めることができる可能性があると考える。そして，教育相談担当教師を，コーディネーター研究の視野に入れる必要があると示された。

第2節　高校教育相談担当教師への質問紙調査

これまで，コーディネーターを担える者の一人として，教育相談担当教師の可能性を述べてきた。現在の文部科学省である文部省（1992）の調査によると，中学校における教育相談担当教師の配置は65.4％で，そのうち他の校務分掌と兼務している教育相談担当教師は58.9％であった。第1節からも，多くの高校教育相談担当教師は，専門性が低く，分掌主任としての役割分担の権限もないことが示された。さらに，権限がないことはコーディネーターとしての役割も難しいと思われる。したがって，非常勤のスクールカウンセラーの教師へのコンサルテーションなど，スクールカウンセラーの専門性が生かし切れないこと

が推測される。

そこで、高校教育相談担当教師の特徴や現状を質問紙調査によって捉える。調査対象者の人数が少ないため、ここでの結果を一般化するには限界がある。しかし、第4章・第5章の実践事例の学校と同一地区であることから、事例についての理解を深めると考える。

（1）問題と目的

高校教育相談担当教師へ質問紙調査を実施し、高校教育相談担当教師の特徴を捉える。そして、高校相談活動の在り方や、コーディネーターの方向性を検討する。

（2）方　法

Ａ県内の高校教育相談担当教師、10名を対象に、質問紙による調査を行った。教育相談に関する専門教育あるいは長期研修の経験の有無により、「教育相談担当教師Ⅰ型」と「教育相談担当教師Ⅱ型」に分けた。学校教育臨床系大学院2年修了もしくは大学院の長期研修1年終了後で、かつ相談活動の実務を3年以上経験した者を「教育相談担当教師Ⅰ型」と、4年制学部もしくは短大卒業、または、相談活動の実務を3年以下の者を「教育相談担当教師Ⅱ型」と定義した。Ⅰ型、Ⅱ型各5名ずつとした。それぞれ、条件にあう養護教諭1名を含んでいる。

研究協力者の詳しい特徴を表2－4にあきらかにした。

調査期間は、2008年5月から8月であった。

質問内容は、自由記述によって、ア．相談活動を行うにあたっての教育相談担当教師の資質及び主な援助方法について（相談活動を行うにあたって、重要視していること、注意していること等）、イ．校外専門家との連携の実施について（医療職、心理職等校外専門家の紹介や継続した連携の有無）、ウ．管理職の相談活動への理解について（管理職が、相談活動に対してどのように思っているか、教育相談担当教師の意見）、エ．相談活動を行っていて感じていることの4項目である。

第2章 日本の学校相談活動の方向性

表2-4 研究協力者の特徴

	性別	年齢	研　修	相談経験年数	学　校	教育相談担当教師になったきっかけ，または，教育相談を勉強し始めたきっかけ
A	男	50代	修士修了	15（5）	公立専門学科	医師の指示にしたがったが，生徒が自殺したことで勉強し始め，大学院に入学する
B	男	50代	修士修了	10（4）	公立普通科	生徒の自殺がきっかけで勉強し始め，大学院に入学する
C	女	40代	長期研修終了	3（3）	公立普通科	校長の任命で教育相談担当教師になり，長期研修に参加する
D	女	30代	修士修了	3（3）	公立専門学科	校長の任命で教育相談担当教師になり，心理学に興味があり大学院に入学する
E	女	30代	修士修了	10（5）	私立普通科（養教）	困難をかかえた生徒の保健室来室がきっかけで大学院に入学する
F	女	50代	年6回50時間程度	6	公立普通科	校長の任命で教育相談担当教師になる
G	女	40代	年6回50時間程度	6	公立専門学科	校長の任命で教育相談担当教師になる
H	女	20代	年6回50時間程度	2	公立専門学科	校長の任命で教育相談担当教師になる
I	女	50代	年6回50時間程度	3	公立専門学科	校長の任命で教育相談担当教師になる
J	女	50代	年6回50時間程度	30	公立普通科（養教）	健康相談担当者であり，校長の任命で教育相談担当教師になる

注：A～Eの（ ）の相談経験年数は，大学院での修士課程修了または，長期研修終了後の年数である。
出所：筆者作成。

　分析方法はKJ法を用い，筆者と学校教育臨床系大学院生2名の合計3名により，内容の近いものを分類した。1枚に1つの内容を書き込んだカードを作成した。内容が近いと感じられたカードを集めて領域ごとにまとめ，さらに，類似性と相違性を考慮して分類した。その際，評定者計3名で同意が得られるまで吟味した。

（3）結　果

　教育相談担当教師が具体的な実務能力や考えを持っているか，教育相談担当

表2−5 高校教育相談担当教師の質問紙調査の回答概要 （数字は人数：名）

教育相談担当教師Ⅰ型 （学校教育臨床系大学院2年修了もしくは大学院の長期研修1年終了後で，かつ相談活動の実務を3年以上経験した者） 　教育相談担当教師5（うち養護教諭1）		教育相談担当教師Ⅱ型 （4年制学部もしくは短大卒業，または，相談活動の実務を3年以下の者） 　教育相談担当教師5（うち養護教諭1）	
教育相談担当教師の資質・援助方法 ・専門的知識と勉強が必要。 ・専門家と同じぐらいアセスメントは重要。アセスメントに基づきチーム援助計画を立てる。	5 3	・一般教員では無理，わからない。 ・経験でやっている。 ・生徒に愛情を持って接すれば解決する。	2 1 1
・担任を支えるチーム援助が重要であるが，説明が難しい。役割分担し細かくチェックする。 ・現実対応の面接。 ・カウンセリングをすると教員が何をしたらいいかわからなくなる。したがってチーム援助ができるように計画する。 ・教師だから面接もコーディネートも担任も全てやる。	3 1 1 1	・アドバイスをしている。 ・担任が動けなくて日頃の人間関係が大切。動いてくれる人を見つける。 ・月1回のSCでは解決できない。	1 1 1
校外専門家と連携 ・継続した連携。	5	・継続した連携なし。 ・SCに任せている。	3 2
管理職について 肯定的意見 ・教育相談担当教師出身の管理職で理解がある。 中立的意見 ・パワーのある教師が管理職になっていく。理解できるように説明する。 否定的意見 ・関心を持ってほしい。 ・相談活動はアリバイづくり。 ・特別支援教育によって個別支援が発達障がいのみと理解され権限が後退した。	2 1 1 1 1	・管理職は周りをきれいにしておきたいから管理職には相談できない。 ・生徒の生死にかかわることをしているのに管理職は聞かないようにしているアリバイづくり・顔を出しているだけ。 ・落ちこぼれと思っている。	3 2 1
その他 ・相談活動はいろいろな人に影響される。 ・授業の軽減が必要。 ・ケアをどこまでしたらよいかわからない。 ・週1回の相談係会，職員会議での連携や専任のスタッフやSC，高校教育相談担当教師出身の管理職で充実している。	2 1 2 1	・権限ない。 ・相談活動をやると大変。	2 1

注：SCとはスクールカウンセラーのこと。
出所：筆者作成。

教師Ⅰ型と教育相談担当教師Ⅱ型の実態を質問紙調査（表2-5）からみてみる。

教育相談担当教師の専門性については，教育相談担当教師Ⅱ型では「一般教員では無理（わからない）」，教育相談担当教師Ⅰ型も「専門的知識と勉強が必要」と答えて，あわせて7名が挙げている。

具体的な資質として教育相談担当教師Ⅰ型は「専門家と同じぐらいアセスメントは重要。援助計画の基」が3名，さらに，「担任を支えるチーム援助が重要」が3名，他に「……コーディネートも」と答えており，アセスメントとチーム援助の重要性を挙げている。また教育相談担当教師Ⅰ型で，チーム援助を挙げていないのは1名であった。その1名は，私学で様々な役割の相談関係の職員が複数おり，チーム援助が定着している学校に勤務していた。そうであるため，あえてチーム援助の必要性を挙げなかったと思われる。教育相談担当教師Ⅱ型は，「経験でやっている」「生徒に愛情を持って接すれば解決する」「月1回のSCでは解決できない」とそれぞれ1名ずつ述べている。

さらに資質として，教育相談担当教師Ⅰ型と教育相談担当教師Ⅱ型は，面接についての資質は「アドバイス」「現実対応の面接」を2名が挙げていた。学校における現実対応やかかえる機能のための面接の実施がみられた。また，教育相談担当教師Ⅱ型は「動けない担任」について述べていた。かかわろうとしない担任について，半田（2005）・中川（2005）も報告している。チーム援助の難しさが推測される。

A県の高校における困難をかかえた生徒の援助の実態が示された。担任を中心とした，チーム援助を重要としている。さらに，校外専門家との連携については，教育相談担当教師Ⅰ型は，5名とも継続して行っていた。教育相談担当教師Ⅱ型では「連携なし」と「スクールカウンセラーに任せている」が5名全員であった。

管理職が相談活動に理解があると感じている教育相談担当教師は，2名のみであった。

(4) 考　察

　教育相談担当教師Ⅰ型は，5名全員が校外専門家と「継続した連携」を行っている。教育相談担当教師Ⅰ型は，困難をかかえた生徒の援助に，校外専門家の助言を必要としており，校外専門家と学校をつなげ，援助を統合するコーディネーターの役割を行える可能性があることが示唆された。さらに，「アセスメントに基づくチーム援助計画」「チーム援助の説明と役割分担のチェック」「チーム援助ができるように計画する」「コーディネートも」から，アセスメントをして，援助計画を立てていること，役割分担して，連絡調整のコーディネートを行っていることが示唆された。つまり，援助計画を立て校内外の援助チームを形成し，校内外専門家との継続した連携のための専門性を持っていることが推測された。

　一方，教育相談担当教師Ⅱ型は，校外専門家の継続した連携について5名全員が「継続した連携なし」「SCに任せている」と答えている。困難をかかえた生徒の援助には，教師以外の専門家のアドバイスを，学校生活で生かすことが重要である。教育相談担当教師Ⅱ型は，校外専門家とスクールカウンセラーからの必要な助言を得ておらず，援助が的確なものになるように統合するコーディネーターの役割を果たすことは難しいと推測された。

　また，教育相談担当教師は，7名が相談活動を行うための専門性の必要性を挙げている。具体的には教育相談担当教師Ⅰ型は，5名全員が「専門的知識と勉強が必要」と述べ，相談活動の専門性の必要性を挙げている。他の校務分掌と異なり高校の教育相談担当教師は，周囲の教師のアドバイス以上の専門性が必要であることが示唆された。一般に，日本の学校の教師は，周囲のアドバイスをもとに多様な校務分掌を経験し，教師として成長していく。しかし，教師は「アセスメントに基づくチーム援助計画」の立案，「校外専門家との連携」の訓練を受けることはない。同様に，教育相談担当教師Ⅱ型は2名が「一般教員では無理，わからない」と専門性の必要性を述べている。コーディネーターになるためには「アセスメントに基づくチーム援助計画」の立案，「校外専門家との連携」等専門的な訓練が必要であろう。

校外専門家と連携できる専門的知識があり，校内の生活情報が多くアセスメントに基づくチーム援助計画を立案できる教育相談担当教師Ⅰ型であるからこそ，校内外の役割分担ができるコーディネーターの役割を実施していた。さらに，コーディネーターの機能を高めるためにも，役割分担のための権限が必要であることが考察できた。管理職が「相談活動に理解がある」と感じている教育相談担当教師は，Ⅰ型，Ⅱ型にかかわらず少なかった。困難をかかえた生徒への学校における援助は，教師の自主的な援助意識にかかっている。そのため，管理職の責任とリーダーシップは重要である。コーディネーターに専門性や経験があっても，管理職の理解がなければ教師の援助を困難をかかえた生徒に生かすことができない場合があろう。管理職の理解を得ることができなければコーディネーターに権限が必要である。コーディネーターにおける生徒援助実施のための権限についての研究が必要である。

第3節　コーディネーターとしての教育相談担当教師の可能性

　わが国の中高校における相談活動の課題と実際を検討した。そして，チーム援助を促す，コーディネーターの条件を考察した。さらに，コーディネーターの役割を担える，教育相談担当教師について検討した。
　第1節では，スクールカウンセラーと教師の相談活動の特徴より，深刻化しやすい高校生の援助には，校内外の多様な専門家がチームを組み適所に援助する必要があることが理解できた。そして，多様な専門家がチームを組む場合，コーディネーターが必要であることが示された。先行研究では，教育相談担当教師が，最も多くコーディネーターを務めていた。教育相談担当教師は，常勤であるため校内の事情に精通しており，学校相談活動の担当者であるため役割分担し援助チームを形成しやすく，さらに，タイミングのあった援助を行うことができると推測された。そのため，教育相談担当教師を，コーディネーター研究の視野に入れることが必要であることが示された。コーディネーターの役割や専門性や権限をあきらかにすることが課題であることも示された。

第2節では，学校教育臨床系大学院2年修了もしくは大学院の長期研修1年終了後で，かつ相談活動の実務を3年以上経験した教育相談担当教師であれば，コーディネーターという役割を担うことができることが示された。さらに，教育相談担当教師に対して，役割分担のための権限の検討が必要である。教育相談担当教師が専門性と権限を持つことにより，校内外のコーディネーション活動が可能となると思われる。教育相談担当教師Ⅱ型だけでは，困難をかかえた生徒の援助のために必要な，校内外専門家の活用は難しいことが推測される。

　高校生の問題は深刻化しやすい。高校相談活動は，校内外の多様な専門家の役割分担をし，担任を中心とした継続したチーム援助が必要である。したがって，高校相談活動には，校内外専門家と連携できる専門性と経験ある教育相談担当教師による，コーディネーターが必要であろう。

第3章
円滑実践事例におけるコーディネーターの役割

　本章と第4章では，教育相談担当教師Ⅰ型と定義された教師が，コーディネーターとしての役割を務めた事例を検討する。なお，本書では，コーディネーターと複数の専門家による援助の事例をコーディネート事例と定義する。また，コーディネーターが行う専門家に対するチーム援助の促進活動を，コーディネーション活動とした。

　まず，本章第1節ではコーディネート事例研究にあたっての研究方法と実践が行われた高校の概要や相談体制について述べる。

　本章の第2節から第4節では円滑事例を挙げる。また，第4章では困難事例を挙げる。円滑とは，チーム援助が円滑に形成され展開したものである。困難とは，チーム援助を行うにあたり大きな障がいがあり援助に困難を伴ったものである。それぞれの要因にコーディネーターがどのようにかかわったか検討する。

第1節　事例研究における研究方法と学校の援助体制

(1) 研究方法

　事例研究の質的データ分析により困難をかかえた生徒への援助過程を検討する。Willig (2001) は，質的研究は援助者間の相互作用を通してプロセスに対する問いがたてられると述べている。生徒や専門家との相互作用の過程の中で，コーディネーターがどのような役割を果たしたかを探求するのに適すると考えられた。

　コーディネーターと生徒・家族・教師・校外専門家との相互作用の質的デー

タとして，本研究では以下のものが収集された。

一次データ（分析にあたり中核となるデータ）
- コーディネーターによる生徒と家族の面接記録（コーディネーターと生徒・家族の面接を逐語録におこし分析資料とした）
- コーディネーターによる教師のチーム会議の経過記録（コーディネーターと教師の行動・意見を記述し分析資料とした）

二次データ（分析にあたり付随となるデータ）
- 校外専門家との連携記録（教育相談活動メモ）
- 生徒の中学時代の様子（教育相談活動メモ）
- チーム会議以外の担任・関係教師・管理職・校外専門家の動き，生徒の学校での様子（教育相談活動メモ）
- 援助終了後の生徒の様子（教育相談活動メモ）

事例研究の分析にあたっては，時間的流れやつながりが明示できるようにし，一次データを中心に二次データを加え分析した。コーディネーターと生徒・家族・教師・校外専門家のやりとりの文脈を明示し，さらに，前後の文脈も参照した。具体的には，生徒と家族の心理面について，コーディネーターによる生徒・家族の面接記録の会話を分析した。また，担任の行動面について，コーディネーターによる教師のチーム援助経過記録の記述を分析した。さらに，他のデータは，生徒・家族と担任の変化を客観的に検証するために用いた。コーディネーターの役割と相互作用における生徒と担任の変化が，明確になるように記述し説明した。

（2）倫理的配慮

コーディネート事例研究にあたって，プライバシーに配慮して事例の詳細については，最小限にとどめ論旨に影響のない範囲で一部改変している。また，対象事例は全て援助実践活動終了後に研究についての同意が得られている。

（3）対象事例

筆者が，教員として勤務する高校においてコーディネーターを務めた実践例を検討する。本書で取り上げたのは，円滑事例3事例，困難事例2事例である。これらの5事例は，複数の専門家によるチーム援助が一定期間継続的に行われたこと，研究についての同意が得られ行われていることを条件に自験例の中から抽出された。全て同一の高校で担当した事例である。

1）学校の概要と援助体制

対象事例の相談が行われた高校は，地方都市の市街地中心部に位置している。学校は1学年7クラス，教職員60名ほどの中規模校である。地域の中では，学力は中間に位置していた。近隣には複数の高校があり，教師は，生徒に対して部活動や学習，進路，服装指導を熱心に行い学校の特色を出そうとしていた。

2）コーディネーター

50代女性（筆者），生徒や保護者に面接を行い直接の相談援助を担当するほか，援助体制を整える教育相談担当教師代表者（相談係長）であり，当該校在勤年数3年，教育相談担当歴15年，学校教育臨床系大学院2年修士課程修了者である。また，臨床心理士の有資格者である。

3）校内相談体制と生徒指導体制

当該高校には，学校の指導や家庭の問題に不適応を起こす生徒や，非行の問題等，心理的援助を必要としている生徒が多く存在した。教師間の中で，学習指導，生徒指導の在り方が話題になっていた。そのような実態の中，多くの教師に相談活動の必要性が認識されていた。また，学年会，生徒指導部会などの各会議では生徒の様子が情報交換されていた。相談係会は，週1回授業時間内に開かれていた。構成メンバーはコーディネーターである相談係長（筆者）の他，保健部主任，養護教諭，学年副主任（学年教育相談担当教師）であった。相談係会では学年の様子が報告され，特に，援助の必要のある生徒については，問題点，方針，対応が検討されていた。議事録は公務員の守秘義務を前提に管理職，教務主任に回覧された。スクールカウンセラーは未配置であった。

第2節　継続的なコーディネーション活動と校内外専門家の効果的な援助（自験例1）

　この事例は，自閉症スペクトラム障がいが疑われた不登校生徒を援助した事例である。1年間にわたり校内外の専門家によるチーム援助が組まれた。その結果，当該生徒は，いじめられ経験により中学時代より登校を拒否していたが，転学し大学進学の目標を持つようになった。コーディネーターの継続したコーディネーション活動により，校内外専門家の援助が効果的に行われた事例である。そこで，チーム援助の過程に焦点を当てて，コーディネーターの活動を考察していくこととする。

　なお，コーディネート事例研究にあたって，プライバシーに配慮して事例の詳細については，最小限にとどめ論旨に影響のない範囲で一部改変している。また，対象事例は援助実践活動終了後に研究についての同意が得られている。

（1）事例の概要
1）事例対象者

　対象生徒：高校1年生（A男）。乳幼児健診において，医師より，言語の遅れに伴い何らかの診断を受けていたが，詳細不明であった。何らかの診断を受けたことは，A男も理解していた。

　家族構成：父（40代），母（40代，20代前半から精神科通院歴あり），A男，妹（中学1年生）

　問題の概要：いじめられ経験，不登校

　状態：幼い頃よりからかわれることが多く，特に中学時代にひどいいじめにあっている。そのため，中学3年生より保健室登校をしていた。高校に入学したが，クラスにいじめをした生徒がおり，登校を拒否した。成績は，国語の文章理解以外は上位であった。身振りや表情・しゃべり方に硬さがあった。

　見立てと方針：成績の特徴や言葉や身振りの特徴から，自閉症スペクトラム障がいが疑われた。この障がい特有の硬さのためにクラスメートとの関係がう

まくいかず，いじめを受けたことによる二次的障がいとして不登校になったと考えられる。コーディネート方針として，A男について情報を得るため母親面接を行う。また，中学校側からも情報を得ることを当面の課題とする。障がいの援助やいじめられ経験やかたくなに登校を拒否する様子から，専門家による長期的な援助が必要だと思われた。そこで，告知の判断も含め，特別支援担任の経験をしたことがあるカウンセラーにつなげることを目標とした。また，担任とコーディネーターは，A男と家族に，定期的，長期的に継続した関係を持つことを目標とした。

2）校外専門機関のコーディネートの経過

校外相談室とカウンセラー：某国公立大学の付属施設であった。その大学は小中高校教師のリカレント教育に力を入れており，教師から児童生徒と保護者に対してこの施設を紹介することも多い。情緒的な問題や発達障がい・学校・家庭教育の問題を専門としていた。コーディネーターは以前より，当該カウンセラーは特別支援担任の経験をしたことがあることを知っていた。コーディネーターが，A男と家族にカウンセラーを紹介した。

医療機関：カウンセラーの依頼で，コーディネーターが地区の児童精神科医のいる医療機関の住所と特徴を一覧に作成した。その際，県発達支援センターのアドバイスを得た。その中から，母親自身が通院していて，肯定的なイメージを持つ医療機関を母親が選んだ。

3）学校と校外専門家の連携

カウンセラーとのやり取りは，コーディネーターが窓口となり，基本的に電話で行われた。医師とコーディネーターとのやり取りは，手紙（1往復）と医師からの電話（2回）で行われた。

4）援助の期間

コーディネーターのA男への援助期間：X年4月〜X＋1年3月

コーディネートの期間：X年5月〜X＋1年9月，校外相談室でのカウンセリング開始から終結まで。カウンセリング終結はA男が新しい学校に適応できるまで行われた。

医療機関：X年8月〜X+1年9月以降も通院。A男はコーディネーターとカウンセラーの勧めで，カウンセリング終結後も通院していた。

5) コーディネーター援助までの経過

X年4月10日A男は，始業30分前に職員室に一人で来て，硬い表情としゃべり方で「日直ですが，何をしたらいいですか？」と，質問した。担任は不在だったため，偶然居合わせたコーディネーターが対応した。高校入学直後のX年4月12日よりA男は学校を欠席した。担任が家庭訪問をした。A男は中学時代のいじめられ経験や，いじめた生徒がクラスにいたことを話した。特に，中学3年生のいじめはひどかったことを話した。さらに，「学校という名のつくところに通うつもりはない」と，強い決意を話した。心配した担任から，コーディネーターへA男の援助の依頼があった。

(2) 事例の経過

事例の経過を3期にわけた。第1期は，校内外の情報からアセスメントを行った時期，第2期は，校内外各専門家へのコーディネーション活動を促進した時期，第3期は，校内のコーディネーション活動をし，担任による学習指導が行われた時期である。

1) 第1期　校内外の情報からアセスメントを行った時期

A男の不登校をきっかけに，コーディネーターが援助を開始し，A男のテスト結果や中学校スクールカウンセラーの情報等から，アセスメントを行った。

第1回　チーム会議　コーディネーター・担任：X年4月18日

担任はコーディネーターへ入学時テストの分析結果を示した。担任はぎこちない態度のA男が，想像していたより成績がよいことに驚いていた。また，学校を完全に拒否する態度や人との関係が苦手な様子から，このまま引きこもりになることを心配していた。

コーディネーターと担任は，A男の状況と問題点と今後の対応を話し合った。コーディネーターは「自閉症スペクトラム障がいは，他人の意図や動機を考えること，また，身振りなどの非言語的行動が苦手であることが特徴である。

テストの分析結果より，評論・小説の読み取りを理解する項目が，他の現代文の知識・数学・英語に比べ極端に低いことや，身振りや表情・しゃべり方に硬さがあることから，自閉症スペクトラム障がいの疑いがある」と述べた。さらに，コーディネーターは「この障がいがあったとしたら，対人関係がうまくいかず，そのためにいじめによる二次的障がいで不登校になったと考えられる。今後の対応として，A男について情報を得るため母親面接を行う。また，中学校側からも情報を得ることを当面の課題とする。障がいの援助やいじめられ経験・かたくなに登校を拒否する様子から，専門的で長期的な援助が必要だと思われる。さらに，告知の判断も含め，特別支援担任の経験をしたことがあるカウンセラーにつなげる」と提案した。担任は専門的な援助が必要であることを了解した。また，担任とコーディネーターは，A男と家族に，定期的長期的に継続した関係を持つことを確認した。コーディネーターは「関係継続のため1週間に一度，A男の好きな音楽や，学校の様子など絵葉書を書く」と具体的方法を述べた。さらに，コーディネーターは「自閉症スペクトラム障がいならば，対応の注意点として，自由選択よりも選択肢があった方が，本人は決めやすい」と，担任に報告した。高校の履修と単位修得については，教頭が時期を見て保護者に話すこととした。

担任の家庭訪問の回数が増すにつれて，A男は中学時代の出来事などよく話すようになった。担任が母親とA男にコーディネーターを紹介すると，その場で了解をした。それを受けて，コーディネーターによるA男の直接援助が始まった。

第1回　コーディネーターと担任によるA男・両親面接：X年4月25日
　A男は，中学時代のいじめられ経験と保健室登校になったいきさつを話した。特別支援学校に入学しておけばよかったこと，このまま学校に通わずに家にいたい気持ちもあるが，親から社会とかかわりを持つことの大切さをいわれており，自分もわずかに同意する気持ちがあることを述べた。また，両親から，A男について乳幼児健診のとき，言葉の遅れを指摘され，医師から診断が出されたこと，診断名は忘れたが診断書もあることが話された。医師から診断が

出されたために，いろいろな療育施設に通ったことや，市からA男のために補助保育士が派遣され保育園に通園したことも話した。

　コーディネーターは，長所を生かす工夫で生活しやすくなる可能性があることを伝えた。そのために，医師の診断書を見たいと伝え，校外のカウンセラーを紹介することを提案した。しかし，A男は「将来大学に進学する希望はなくこのまま家にいる」と発言した。コーディネーターは「カウンセラーはA男君の立場に立って一緒に考えてくれる人。A男君が困っていることやおかしいなと思ったことを一緒に考えてくれる人」と説明した。A男はとまどっていた様子であったが，両親はカウンセラーに会うことをA男に勧めた。A男は，カウンセラーのところに行くことを了解した。その上で，コーディネーターは，カウンセラーと学校が連携することの了解をとった。中学校スクールカウンセラーとの連携の了解もとった。担任は両親に，今のA男は登校していたときよりも緊張せず落ち着いていることを伝えた。

　（コーディネーターと中学校スクールカウンセラーの連携）

　X年5月コーディネーターは，校長の仲介のもと，A男の中学校生活を聞くために，中学校のスクールカウンセラーと情報交換した。スクールカウンセラーは「中学校1年のときに，発達障がいだと思われると養護教諭に伝えたが，他の教師集団には伝わらなかったようだ。また，卒業時には，いじめた生徒と同じクラスにならないように，クラス編成上の注意を高校に伝えてほしいと中学校長に伝えた」と，述べた。

　第2回　コーディネーターによる母親面接：X年5月

　コーディネーターによる2回目の母親の面接では，診断書の代わりに母子手帳を持ってきた。母子手帳には言葉の遅れが記載されていた。コーディネーターからの紹介状と入学時テスト結果をカウンセラーへ渡すよう母親に依頼した。コーディネーターは，母親の話す内容が定まらないことから，精神病理を疑った。

　2）第2期　校内外各専門家へのコーディネーション活動を促進した時期

　A男の援助がカウンセラーから医師へと広がり，コーディネーターとカウ

ンセラー，医師の連携が行われた。

　第1回　コーディネーターとカウンセラー連携：X年5月21日

　カウンセラーによる，A男の面接が開始された。カウンセラーよりコーディネーターへ電話で，A男は硬いしゃべり方・自発性のなさ・感情のない知的な言葉づかいなどから自閉症スペクトラム障がいの可能性があり，経過を見て受診の勧めを行うと連絡が入った。また，コーディネーターからは，母親の精神病理の可能性があるため，必要に応じてカウンセラーによる援助を依頼したいと伝えた。

　第2回　チーム会議　コーディネーター・担任：X年5月

　コーディネーターは担任と会議を持ち，「カウンセラーの見立てが得られた。カウンセラーとかかわりができたことから，担任の家庭訪問は中断するが，コーディネーターによる絵葉書の援助は継続して行う」ということを確認した。

　校内では，コーディネーターが担任・学年主任・管理職に対して，A男に発達障がいの可能性があることを伝え，発達障がいについての新聞の切り抜きや文部科学省の支援のためのガイドラインを配布し，理解を求めた。母親から近況報告とお礼の手紙が来た。

　第2回　コーディネーターとカウンセラー連携：X年7月

　カウンセラーよりコーディネーターへ電話で，A男が父親に対する気持ちを整理していることが報告された。A男は「あの親父は……ぼくたちを馬鹿にする。自分の妻も馬鹿にしているんですよ」「あのくそ親父とは話したくありません。」（涙ぐむ）と言い，カウンセラーは「そう，お父さんの話題出してごめんね。でもね，まったくお父さんとの話をしないというわけにもいかないよね。……それから学校でも同じことがあったんじゃないかな。……わかってもらえないとか？」と応え，A男は「はい，あったようななかったような……」と話したとのことであった。また，カウンセラーが医師への相談を勧めたところ，A男はあっさり受け入れたと報告された。さらに，カウンセラーは，A男が通院できて自閉症スペクトラム障がいを診断できる医師がいる病院の一覧表作成を，コーディネーターに依頼した。また，カウンセラーは，家族に何ら

かのトラブルがあると母親もA男とともに来室し，そういうときは母親の話を聞くことがあると報告した

コーディネーターは医療機関の一覧を作成して，カウンセラーに郵送し，加えて発達障がい専門のJOBコーチ（職業適応援助者）のいる施設パンフレットも同封した。

第1回　コーディネーターと医師連携：X年9月

医師から担任とコーディネーターへ，A男が受診したことの報告と協力の依頼が郵送されてきた。内容は，A男は自閉症スペクトラム障がいに当てはまることと，言語コミュニケーションの困難が周囲からの誤解を生み，中学時代のクラスでの低い評価につながったこと，及びA男に対して障い告知したことなどであった。病院では月に1回の「社会性を身につけることを目的とした面接」を行うこととなった。また，本人や家族から連携の了解を得ていることも書かれていた。

第3回　コーディネーターとカウンセラー連携：X年9月

カウンセラーからコーディネーターに，「医師から告知の翌日，母親とA男の同席面接をカウンセラーが行った」と連絡があった。A男は「納得しましたから大丈夫です」と言い，カウンセラーは「友だちとの付き合いにくさはA男が悪かったんじゃないってことだよね」と伝えたとのことであった。また，カウンセラーはA男と母親の心理面接による援助を行うこと，病院においては月1回通院し，社会性を身につけることを目的とした面接を行うことになったと，役割分担が確認された。コーディネーターは，A男へ絵葉書を書くことで，関係を維持することを報告した。

3つの専門機関の役割分担を，カウンセラーとコーディネーターは，確認することができた。コーディネーターがA男の登校の可否についてカウンセラーにたずねると，まだ，その状態ではないことが説明された。

第3回　チーム会議　コーディネーター・担任：X年9月

コーディネーターと担任はチーム会議を持ち，「A男への医師とカウンセラーの援助と，A男が援助のもと障がいを受け入れようとしていること，登

校の意志がまだないこと」を確認した。

第2回　コーディネーターと医師連携：X年10月

コーディネーターは医師へ，役割分担の確認と，母親に障害者手帳や障害者職業訓練センターなど，福祉制度について情報提供することを手紙で依頼した。また，本校の在籍も可能であること，特別支援学校も含めた転学の手続きをする場合は，1月ぐらいから開始する必要があることをあわせて伝えた。A男は当面学校生活を考えていないが，父親は努力すれば困難を克服できると思っている様子である。A男側に新しい進路を考える条件が整ってないところで，学校側が進路の情報を提供すると，父親とA男の考えの違いからA男の動揺を招くことが考えられることを伝えた。さらに，母親がA男と父親の間に入って混乱することが予測できたため，情報提供のタイミングを教えてほしいと，医師に依頼した。医師より，福祉制度の説明は様子を見て今後実施することや，A男が社会性を身につけることを目的とした面接を積極的に行っていることが電話で報告された。

3）**第3期　校内のコーディネーション活動をし，担任による学習指導が行われた時期**

コーディネーターは，A男が転学を決意したことを受けて，担任と連携してA男と両親への働きかけを行った。そして，担任によるA男の進路指導・学習指導が行われた。

第3回　コーディネーターと医師連携：X年10月

医師よりコーディネーターに「A男に転学の意欲が出てきた。また，A男が希望している特別支援学校ではA男の学力が高すぎる」と電話で報告された。

第4回　チーム会議　コーディネーター・担任：X年10月

コーディネーターは担任へ「A男に学校へ行くことの意志が出てきた」と伝えた。そして，コーディネーターが持っていた複数の高校の資料を渡し，「昼間定時制高校は自閉症スペクトラム障がいの生徒が通常の学校より多いと相談係より聞いている」と伝えた。担任は「近日中に家庭訪問する」と報告した。

担任は家庭訪問を実施した。A男が「いじめた生徒がいるため、今の高校には復学したくない。自分と同じような障がいがある人と一緒に勉強したい」と言ったため、担任は昼間定時制高校の説明をし、さらに、自分にあう学校を探すために、学校見学が大切であることをA男に話した。その後、A男からコーディネーターに絵葉書のお礼と返事が遅くなったことのお詫び等の手紙が来た。

第4回　コーディネーターとカウンセラー連携：X年10月

カウンセラーからコーディネーターに依頼の電話が入った。「A男は自分の障がいを受け入れてどのように生きようか」と考えている。A男が障がい受容できたことは、本人の理解の力が大きい。母親は受験の手続きがわからず、父親は昼間定時制高校に受かるかどうかわからないので、今の学校で頑張るようにという意見である。そのため、A男の意志を尊重して、高校で進路の情報を提供してほしいとの内容であった。

第5回　チーム会議　コーディネーター・担任：X年10月

それを受けて、コーディネーターは担任と話し合い「A男と両親の面接を実施し、希望があれば受験指導することを伝える」ということを確認した。

第3回　コーディネーターと担任によるA男・両親面接：X＋1年2月

3回目の両親・A男と担任、コーディネーターによる面接では、父親は「もっと早く対応すればよかった」と、専門機関通所に肯定的な発言をした。コーディネーターと担任が「A男の希望校受験のための論文指導や面接指導を行ってもよい」と言った。A男は了解し、父親は退学届を希望しその場で印を押した。

その後、担任は入試の前日まで、継続的に論文指導や面接指導のための家庭訪問を行った。担任は「論文には過去のことが多く書いてあるが、将来の希望も書くように指導している。次には確実に文章が直され、良くなっている。会っていて楽しい」と述べた。A男は希望の高校に合格し、後日A男と両親がお礼のために来校した。A男は「カウンセラーはとてもよかった」と振りかえって述べた。そこで、コーディネーターは、新しい高校もカウンセラーと同じよ

うにA男の立場になって考えてくれる相談係の先生がいることを伝えた。
　第5回　コーディネーターとカウンセラー連携：X＋1年9月
　カウンセラーからコーディネーターへ，A男が新しい高校にも慣れたということで面接終了の報告の電話があった。
〈X＋2年3月〉フォローアップ
　A男は将来数学の研究をしたいこと，家族のけんかが少なくなったこと，クラスに友だちだと思っている子がいることを述べた。そして，大学に進学した。

（3）事例の考察
1）A男の変化
　幼い頃よりA男は，父親や同級生等に理解されないという葛藤や生きづらさを持っていた。また，いじめられ経験が人と一緒に学ぶことを拒む要因となっていた。さらに，A男を援助してくれる母親は，父親とA男の間に入り混乱することがあった。そのような中，コーディネーターを含めカウンセラー・児童精神科医は，困難さを受け止めた上で，自閉症スペクトラム障がいの援助を行った。カウンセラーは，いじめによる二次的障がいへの援助，児童精神科医は自閉症スペクトラム障がいの告知と社会訓練の援助をした。そのような援助の結果，A男は転学の決意をした。その上で，担任は進路指導と学習指導を行った。A男は，困難さを受け止められ不安が軽減された状況で，学生生活の希望を持った。そして，転学のための努力をし，実現していった。

2）考　察
　A男と両親に対して，担任・カウンセラー・医師が援助にあたり，コーディネーターはそれぞれの専門家にかかわった。本事例を通して，それぞれの専門家のかかわりと，コーディネーターの役割を検討する。

3）カウンセラーによる心理・社会面の援助
　カウンセラーは，混乱した母親とA男の心理面接を行った。ここでは，カウンセラーによるA男の父親との葛藤の整理を中心に考察する。

本事例においてカウンセラーは，A男に自閉症スペクトラム障がいがあることを踏まえた上で，主にA男のいじめられという二次的障がいの援助を行い，成果を上げている。具体的には，カウンセラーの面接場面でA男は「あの親父は……ぼくたちを馬鹿にする。自分の妻も馬鹿にしているんですよ」と語ったとのことである。いじめについて，斎藤（1998）は「いじめの構造として……いじめ・いじめられ関係は家族の中に起源を持つ」と論じている。A男の場合も学校でいじめられるが，それ以前にも家族の中においても父親から馬鹿にされるという学校場面と同様の構造を発見し指摘したことが，面接において大切なポイントであったとカウンセラーは振りかえって言った。

　具体的には面接場面で，A男は「あのくそ親父とは話したくありません。」（涙ぐむ）と言い，カウンセラーは「それから学校でも同じことがあったんじゃないかな。……わかってもらえないとか？」と言った。A男は「はい，あったようななかったような」と話したとのことであった。A男はカウンセラーの受容的な態度と働きかけを通して，父親との関係と類似した学校での人間関係を考えている。そして，人にわかってもらえないという状況の原因として，発達障がいが考えられる。そのために，カウンセラーは医療機関の援助を受けることを提案し，発達障がいについても，より前向きに解決できるように建設的な提案をした。カウンセラーがA男の人間関係に対する洞察を促したことは，心理・社会面の援助として効果的であった。

4）医師による健康面・社会面の援助

　コーディネーターはA男をカウンセラーにつなぎ，カウンセラーは，A男に医師の援助が必要と考え，医師を紹介した。

　医師による障がい告知という健康面の援助が行われた翌日，A男はカウンセラーとの面接で「納得しましたから大丈夫です」と語った。カウンセラーは「友だちとの付き合いにくさはA男が悪かったんじゃないってことだよね」と答えたとのことであった。その後，病院で，社会性を身につけることを目的とした面接を継続して行うこととなった。告知と「A男が悪かったんじゃないよね」という言葉は，A男にとって訳もわからずいじめられたという体験に

意味づけができたと思われる。その後，A男は積極的に，社会性を身につけることを目的とした面接を受けていることから，障がいに対して知的に理解し対処しようとしていることが推測される。

障がい告知について，飯田（2004）は「思春期の告知について高機能広汎性発達障害の子どもたちは理解力があるため本人自身への告知も当然検討されるべきである」と論じている。A男の場合も，障がいを受け止め，その後再び高校進学の希望を医師に述べている。さらに，担任の家庭訪問時に「自分と同じような障がいがある人と一緒に勉強したい」と具体的な転学の理由を言うようになった。

告知時のA男は，不登校状態で家族の間でもけんかが多く安定した状態ではなかった。A男の変化は，A男が持っている理解力を基盤に信頼関係をつくりながら，医師とカウンセラーが，障がいに対して援助を行った結果と推測される。障がい告知と，社会性を身につけることを目的とした面接は，A男に登校意欲を持たせ人間関係への再構築のきっかけとなる援助であったと考えられる。

5）A男への継続したかかわりと，担任による学習面・進路面の援助

コーディネーターの直接介入として，A男を学校につないだことが挙げられる。具体的には，A男に，1週間に一度絵葉書を送った。このことにより，担任の家庭訪問が中断した時期があっても，A男を学校に継続してつなげることができた。A男との継続した関係は，担任やコーディネーターにとって，無理のない範囲で続けられた。一般に，生徒へ個別にかかわることは，多忙化する教師にとって，疲弊感を招くおそれがある。しかし，本事例の場合，担任が無理せずA男との関係を維持できたため，退学後の学習指導を行うことを自ら希望したと思われる。また，コーディネーターの絵葉書は，A男からお礼の返事が来ていることから，効果的な援助であったと考えられる。

担任の学習，進路指導について，「会っていて楽しい」という言葉から，担任が満足していることが推測される。教師にとって，学習，進路指導という専門性を生かした援助は，自己効力感を高めることができる方法であることが考

えられる。さらに，新しい学校へ入学を希望しているA男にとっても，学習，進路指導は，ニーズにあった援助であったといえよう。

6）継続したコーディネーション活動

本事例では，コーディネーターは，早期の段階でA男の硬い表情としゃべり方，テストの分析結果，いじめられ経験の話から，不登校が，自閉症スペクトラム障がいが原因の二次障がいであることを推測した。そして，コーディネーターは，自閉症スペクトラム障がいに関する専門性の高いカウンセラーを紹介した。結果として，A男に対して，カウンセラーのいじめによる二次障がいの援助と医師の紹介，医師による障がい告知と社会性を身につけることを目的とした面接が行われた。さらに，担任による進路指導と学習指導が行われた。これは各専門家単独ではできないチーム援助であった。コーディネーターは，校内外の各専門家の援助意識を維持し，専門家が働きやすくするために，各専門家の継続したコーディネーション活動を行った。そして，コーディネーターが，各専門家に生徒の思いをつないでいった。具体的には，コーディネーターへの情報の一元化とタイミングのあった各専門家への情報提供を通して，役割分担を確認しながら援助が行われた。

7）生徒の個別援助における権限と専門性

中学校のスクールカウンセラーが，A男の自閉症スペクトラム障がいの可能性を指摘していたにもかかわらず，中学校の教員集団に理解されていなかった。さらに，中学校校長は，スクールカウンセラーが高校でのクラス替えの配慮について指摘しているにもかかわらず，高校へ連絡しなかった。中学校校長は，自閉症スペクトラム障がいの理解がなかったと思われる。

一方，高校の校長は，コーディネーターの説明のもと自閉症スペクトラム障がいに理解を示し，積極的にコーディネーターと中学校スクールカウンセラーの連携を進める役割を担った。中学校スクールカウンセラーのアセスメントとA男の中学校生活の様子は，A男の適切な援助を行う要因となった。高校と中学校の連携は，通常は校長の権限を通して行われる。生徒の個別援助においては，権限の必要性が示された。

コーディネーターの生徒と校内外の専門家への継続したコーディネーション活動によって，自閉症スペクトラム障がいの疑いのある不登校高校生に対して，校内外の専門家とのコラボレーション（協働）によるチーム援助をした。コーディネーターの継続したコーディネーション活動を通して，校内外の専門家による学習面，心理・社会面，進路面，健康面のチーム援助を行うことができた。コーディネーターは，校内外の各専門家の援助意識を維持し，専門家が働きやすくするために，各専門家の継続したコーディネーション活動を行った。そして，コーディネーターは，各専門家に生徒の思いをつないでいった。コーディネーターの継続したコーディネーション活動により，日本の学校に不足している教師以外の専門家を活用させることが示唆された。

第3節　校外専門家への引き継ぎ（自験例2）

学校生活の不適応と夜遊び等の問題をかかえた不登校生徒を援助した事例である。家庭の問題に母親は気づかず，母親が学校に不信を持っていた。母子を校外専門家に引き継ぐことに配慮した。コーディネーターの生徒のアセスメントとニーズの把握，校外専門家への引き継ぎの問題，各専門家へのタイミングのあった情報提供が顕著に示された事例である。そこで，チーム援助の過程に焦点を当てて，コーディネーターの役割を考察していくこととする。

なお，コーディネート事例研究にあたって，プライバシーに配慮して事例の詳細については，最小限にとどめ論旨に影響のない範囲で一部改変している。また，対象事例は援助実践活動終了後に研究についての同意が得られている。

（1）事例の概要
1）事例対象者
対象生徒：高校1年生（B男）

家族構成：父（40代　派遣社員），母（40代　パート勤務），B男

問題の概要：不登校，夜遊び

状態：中学校まで成績上位であった。高校の入学時は中位であったが，1学期後半より成績がさがり始め，下位になった。中学校3年間の欠席は5日であった。高校1年12月の時点での欠席は36日であった。特に，1学期後半より多くなった。性格は，刺激に反応し行動しやすいタイプで，服装指導の際，教師が髪型とピアスを注意すると興奮し暴れた。

見立てと方針：B男の不登校の要因には，母親が述べているように学習指導や服装指導に対する不適応があった。また，女子生徒との別れと，先輩との人間関係の不安が影響していることがコーディネーターの面接によりわかった。さらに，両親のコミュニケーション不足から，不安定なB男に適切な対応が行われておらず，夜遊びが生じていたと思われる。コーディネート方針としては，B男と両親に，担任及び学年主任が学習面・進路面の助言を行う。コーディネーターは，両親に対して，家庭の役割を明確にして，生活のリズムを整えるためのコンサルテーションを行う。さらに，B男と母親に心理面の専門的な援助を継続的に行うために，校外カウンセラーを紹介することとした。

2）校外専門機関のコーディネートの経過

校外相談機関とカウンセラー：近隣の公立の相談機関であった。情緒的な問題や学校，家庭教育の問題を専門としていた。相談料は無料である。その機関をコーディネーターが母親に紹介した。

3）学校と校外専門家の連携

コーディネーターが窓口となり直接連携した。コーディネーターは，B男の進級に伴い担任が替わったときなどに母子それぞれのカウンセラーと連携を行った。

4）援助の期間

学校での直接援助：X年1月～X年3月

学校とカウンセラーとの連携：X年3月～X＋2年3月

5）コーディネーター援助までの経過

コーディネーターは，担任へ「学年副主任より相談係会で，B男の母親から『学校の服装指導や学習指導が厳しく子どもが不登校状態にある』という苦情

の報告があった」と伝えた。この時点で，コーディネーターはB男の援助を実施したいと述べた。担任は了承し，コーディネーターによるB男の援助について，担任から学年会，管理職に報告すると述べた。その後，担任は，学年会や管理職へコーディネーターがB男の援助を行うことについて報告した。

（2）事例の経過

事例の経過を3期にわけた。第1期は，アセスメントによって校内援助体制を整えた時期，第2期は，コーディネーション活動によって役割分担をした時期，第3期は，コーディネーターの面接によって，B男が内的整理をした時期である。

1）第1期　アセスメントによって校内援助体制を整えた時期

第1回　コーディネーターによるB男面接：X年1月12日

たまたま登校してきたB男にコーディネーターが声をかけると，そのまま相談室で相談が始まった。B男はアルバイトをし始めてから，成績不振科目が減ったと話した。また，継続面接の承諾をした。

母親から学校の先生に話したいことがあると電話連絡が入り，担任からコーディネーターに同席してほしいと依頼が入った。

第1回　母親・B男・担任・コーディネーターの合同面接：X年1月15日

B男は何も言えず母親から最初に口火を切った。「せっかくB男が登校したのに，服装を指導されました。家で私はB男の話を聞きやっと落ち着いてきたと思ったのに。B男も私も大学に進学したいと思いこの学校に入学した」と話した。途中，B男も母親も下を向いて黙って泣いていた。担任の先生は，「よく話しに来てくれた」と労をねぎらった。コーディネーターは「心配で先のことをいろいろ考えて，学校に来ることができないのかな」と話すとB男は頷いた。さらに，B男は「このまま2年生になっても勉強についていけなければ大学進学が難しいと思う。留年して今わからないところを自分で勉強してわかるようになって進級した方がいいのか，このまま進級した方がいいのか考えている。学校を辞めることも考えたが，それはやめた」と気持ちを述べた。さら

に，母親は「授業中に，ある先生がB男に学校に来るなら授業をしっかり受けろ。おれは給料泥棒じゃあないぞと言った」と述べた。コーディネーターは「B男はそのことをどう思う？」と投げかけた。B男は「自分の結論がないと学校に来ることができないと思った。みんなは，どう考えているのか知りたい」と述べ，コーディネーターは「考えるきっかけになったんだね。いろいろな先生にも意見が聞けるといいね」と言った。最後にコーディネーターが「お母さんもB男も，しっかり食べて寝てね」と言うと，担任も同調する言葉を言い，さらに，「みんなに会いに来なさい」と声をかけた。

第2回　母親・B男・担任・コーディネーターの合同面接：X年1月30日

担任より，学校に来て視野を広げることが大切であることが話された。母親は「B男は先日先生に言いたいことを言って，すっきりしたみたいです。でもなかなか動こうとしなくて，学校の先生に相談しなさいと言っても行かなくて」と様子を話した。母親と担任が廊下で話している間，B男はコーディネーターに了解を得て，携帯電話でアルバイト先に遅れることを連絡した。それを見て，コーディネーターが「アルバイトはどうして始めたの？」と聞くと，B男は「学校を辞めたらどういう生活になるだろうと思って始めた。母さんもアルバイトをしながら卒業したので，別に悪いと思っていない。むしろ役立つと思っている。高校生が一番いい，自由で。フリーターでやっていくのは大変」と言った。コーディネーターは「母さんは貴方を叱らないの？」と質問すると，B男は「母さんは共働きをしていて引け目があるみたい」と言った。コーディネーターは「B男君はそのことどう思うの？」と聞くと，「母さんは叱らないけど顔に出ている。言いたいことがあれば言ってほしい。お父さんは転職して忙しいので何も言わない」と応えた。

第2～5回　コーディネーターによるB男面接：X年1月19日～2月9日

アルバイト先での友人関係や夜遊びの話がされた。「アルバイトを辞めさせられたら，また見つけてやる」「母さんは退学しなければいいと思っている」と述べた。

第6回　コーディネーターによるB男面接：X年2月15日

アルバイト先に，偶然高校の先生が買い物に来ていた。B男は「見つかったかもしれない」と言った。さらに，B男は「そうなったら僕は退学する。1学期いろいろ事件があった」と言い，コーディネーターは事件について具体的に聞いた。B男は「初めて女子と付き合ったが，その子を好きな先輩がいた。その先輩は，その子と僕が付き合うことをすごい怒って，その子からもらった大切なストラップのひもを切った。そして，先輩から『別れろ』と言われた。その子との関係は，自然消滅した。母さんはそのことを知らない」と興奮し始める。アルバイトについて，両親とコーディネーターが話し合うことについて了解をとった。

第1回　チーム会議　コーディネーターと担任・学年主任：X年2月16日

翌日，コーディネーターから担任・学年主任へ，B男がアルバイトをしていて生活のリズムが乱れていると報告した。その上で，生徒・保護者のニーズと保護者面接の目的と必要性を述べた。「B男は進学を目標にしている。学校もB男を学校に残して進学させたい。家庭の役割は生活を整えることであり，B男の進学のために生活のリズムをつくって遅刻や欠席を減らすことを親と話し合う必要がある」と提案し，担任は了承した。さらに，コーディネーターは，保護者面接での教師とコーディネーターの役割分担と，家庭を長期的に支援するための校外専門家の必要性を説明した。具体的には「担任と保護者は信頼関係を維持するために，担任はほめる役割をしてほしい。加えて，学年主任は進学のための勉強の大変さ，非行や退学する生徒の特徴などを話してほしい。アルバイトについて教師は知らないことになっているので，担任や学年主任・B男の同席がないところで，コーディネーターが，親の役割である生活のリズムを整えるための具体的な方法を親と話し合うことにする。また，家庭の問題もあるので外部の専門機関に引き継ぐことを親に提案する」と述べた。コーディネーターは，家庭の養育機能低下の要因に夫婦の問題を考え，「この話し合いには父親も必要なので，父親にも来校してもらいたい」と説明した。コーディネーターは，教育相談係と生徒指導部の指導に矛盾がおき，校内が混乱しないために校長の判断の必要性を指摘した。「アルバイトをしている生徒に対して，

生徒指導部のルールでは家庭謹慎等の指導がある。家庭謹慎になればおそらく学校は続かないと思うので，校長の判断も必要になると思う」と説明した。そして，担任・学年主任とコーディネーターが管理職に報告に行った。

第2回　チーム会議　コーディネーター・担任・学年主任・校長・教頭：X年2月17日

担任から概略が話された。それを受け，校長はアルバイトの処分より生徒を学校に帰すことの方が重要であると説明し，一刻でも早く学校に戻す指導をしないと手遅れになることを心配した。

担任が，母親に父親の参加を求める電話を入れ了解をとった。

2）第2期　コーディネーション活動によって，役割分担をした時期

第3回　担任・学年主任・母親・父親・コーディネーターの合同面接：X年2月20日

担任が今までの家庭の労をねぎらう話をした。その上で，このまま学校に来ないと進級が難しいことを説明した。学年主任からは大学受験のための勉強の特徴と，そのための注意点を話した。学年主任が退席すると母親は，今までこんなことはなかったと泣き始めた。コーディネーターは，母親に共感するよりも，B男のために養育の問題をあきらかにする必要があると強く考えた。コーディネーターは「学校は学習面では，丁寧にやっていくつもりです。泣いても次に行けません。ご家庭でのB男君の生活は？」と述べた。父親は「子育ては妻に任せている。クラスの様子は？」と質問した。担任は，「クラスメートはB男を待っていてノートを順番に書いたり，登校したときには声をかけたりしている」とクラスの状況を話した。さらに，父親は「私は，B男が甘えているとつい思ってしまう」と話した。担任が退席したのち，母親は「不登校になり，閉じこもることを心配し，アルバイトをさせました。服装指導の件がなければ学校に戻れたのに……」と言って泣いた。コーディネーターは「アルバイト先がB男君の居場所になっています。夜遊びをしていたら学校に戻ることが難しいと思います」と述べた。さらに，コーディネーターは「B男君は，お母さんに怒ってもらいたいみたいです」と言葉を添えた。

翌日，母親から担任へ電話が入り，コーディネーターに相談したいことがあるので，電話番号を教えてほしいということだった。折り返しコーディネーターが電話をかけると，母親は「B男の手首に傷があったので，相談にのってほしい」と言った。コーディネーターは「『どうしたの？』と直接聞いてみてください。また，カッターなど目につくところに置かないでください。隠して持っている場合があると思いますが，親が心配していることが，自然に伝わればいいと思います」と説明した。さらに，母親は「B男は何を先生に話しているのですか？」と質問し，コーディネーターは「B男君の了解が必要です。今のところお話しできません。B男君ならば，聞けば素直に話すと思います」と答えた。母親は夫が子どもの教育について当てにならないことを話した。コーディネーターは，直接会って話した方がよいことを提案し，母親は了解した。

第4回　母親・コーディネーターの面接：2月26日

母親からアルバイトを辞めたことや，B男は夜遊びしていないと思うという状況が話された。コーディネーターは「まだ，高校1年生です。B男君もお母様も，教師に話しづらいことがあると思います。この公立相談室ならば教師に話しづらいこともカウンセラーが，しっかり話を聞いてくれます」と提案すると母親は了解した。コーディネーターが，学校とカウンセラーの連携の許可をお願いすると，母親は承諾した。

3）第3期　コーディネーターの面接によって，B男が内的整理をした時期

第7〜9回　コーディネーターによるB男面接：2月23日〜3月2日

B男は新しいストラップをさわりながら，女子生徒との思い出と別れ，進級に向けての決意を話した。

その後，B男の欠席は徐々に少なくなり進級した。B男は時々混乱することがあったが，母親とB男のカウンセラーによる面接は，B男の高校卒業後も継続した。コーディネーターは，B男の進級に伴い担任が替わったときなどにカウンセラーと連携した。コーディネーターは，各学年の担任と，母親とB男のカウンセラーに「大きな変化はありません」という言葉を伝えた。すると，2人のカウンセラーと担任は「ありがとうございます」と述べた。

(3) 事例の考察
1) B男の変化

　父親や母親は経済的に不安定なため，B男の大学進学が，母親の強い希望になっていたと考える。また，転職を繰り返す父親は，家庭において発言力がなかったと思われる。そのような家庭環境で，母子が密着状態であった。B男は大学進学への不安や経済的な不安のために，不適応状態になっていた。そして，失恋が，不登校の主要因であった。コーディネーターの面接を通して，B男は女子生徒との別れを整理できた。また，コーディネーターによる父母の合同面接により，母親は大学進学のために，B男の生活を整えることができるようになった。そして，B男はアルバイトを辞め，生活のリズムを整え不登校が徐々になくなった。母子密着の問題については，カウンセラーの援助に引き継がれた。

2) 考　察

　アセスメントとニーズの把握：専門機関へ来談する人は，多くは治療動機を持って来談する。しかし，学校の相談活動は，明確な問題意識がない場合が多い。親は，欠席遅刻早退がきっかけで，学校に相談することが多い。また，教師には不登校の原因は，わからない場合が多い。本事例の場合も，B男は，問題の全てを家族に話すことができず，親は不登校の主な要因を学校の服装指導，学習指導に求め，不信感を述べた。その中で，B男のアルバイトによる夜遊びと両親の養育の状況，大学進学のニーズは，重要な情報であった。したがって，コーディネーターはB男の情報をもとにアセスメントをした。そして，正確なアセスメントとニーズに基づいて援助体制を整えた。

　瀬戸・石隈（2002, 2003），田村（2004）は，コーディネーターの存在は，アセスメントから役割分担までの心理教育的援助サービスを提供するプロセスに，最も影響を与えると述べている。本事例では，コーディネーターである筆者自身がアセスメントとニーズを把握した。しかし，「アセスメントとニーズ」については，心理職の専門性の高い領域である。スクールカウンセラーの活用が考えられる。

3）コーディネーション活動とカウンセリング機能

　もうひとつこの事例でコーディネーターが行ったことは，B男の感情の整理である。B男の不登校の大きな要因となっていたのは，女子生徒との出会いと別れである。第7～9回のB男の面接では，女子生徒の思い出話が中心となった。このようにコーディネーターの面接によって，B男はだれにも言えなかったことが意識化でき，整理できたと思われる。コーディネーター役が，カウンセラーも兼ねていた実践報告はこれまでもあり（外山，2001；外山，2002；田村・石隈，2003；山寺・高橋，2004；栗原，2006；石川，2008），さらに，栗原（2006）は，チーム援助について，コーディネーター行動とカウンセラー行動を反映させた有機的な連携の重要性を述べている。本事例においても，コーディネーターはB男への直接支援を行い，タイミングをみて，アセスメントに基づく援助チーム会議の運営等を行った。コーディネーターのコーディネーション活動は，カウンセリング機能とも密接にかかわっている。スクールカウンセラーが配置されていれば，コーディネーターはカウンセラーとの役割分担を行っただろう。

4）校外専門家への引き継ぎ

　母親は，学校に対して不信を持っていた。B男の不登校の要因の一つである，家庭の養育機能の問題をあきらかにする必要がある。また，不信を取り除くために，保護者が学校と信頼関係でつながることが，重要であった。そのために，コーディネーターは，保護者面接で教師の役割分担を行った。担任には，今までの家庭の労をねぎらう話をしてもらい，コーディネーターは，担任と保護者が信頼関係で結ばれるようにした。

　さらに，この家庭の特徴として，父親の存在を否定し続けることで，母子の関係が成り立っているとの見立てに基づき，コーディネーターは，母親に，父親の考え方を理解させるために，父親の会議への参加を求めた。父親は「私は，B男が甘えているとつい思ってしまう」と述べた。このことを通し，コーディネーターは，母親に甘やかしているという考え方を追加した。母親は，子どもが閉じこもるかもしれないという不安と，甘やかしているかもしれないという不安の2つの感情が生じて葛藤が起きている。その上で，子どもの大学進学を

目標にしている母親に，コーディネーターは「アルバイト先がB男君の居場所になっています。夜遊びをしていたら学校に戻ることが難しいと思います」と述べた。コーディネーターは，母親の葛藤を通し問題意識を形成した。そして，コーディネーターは「まだ，高校1年生です。……この公立相談室ならば教師に話しづらいこともカウンセラーが，しっかり話を聞いてくれます」と，問題意識を建設的なものにするために校外専門家による援助の特徴を説明している。そして，適切なカウンセラーに引き継いだ。

河合（1992）は，「単なる力の『放出』は建設的効果を生み出さない，それが建設的なものとなるためには，そこに何らかの生きた存在が，全力をかけてそれを受け止めることが必要である。したがって，そこに援助者が存在していることが重要なのである」と論じ，援助者の役割を述べている。コーディネーターは，母親に共感するよりも，B男のために養育の問題をあきらかにする必要があると強く考えた。葛藤をかかえた保護者の問題意識を形成し，その上で，適切な専門家に引き継いだ。アルバイトを辞めさせるだけならば，担任や学年主任の指導で行うことができたかもしれない。しかし，学校に不信を感じている保護者を，適切な専門家につなげることは，担任や学年主任では難しかったと思われる。また，田村（2008）は，保護者が心理的に揺れている時期は，教師やスクールカウンセラーなどの援助活動の成果を保護者は認識しづらいと報告している。問題意識を建設的なものにするための校外専門家による援助の特徴説明は，心理的に揺れている保護者に，変化をもたらす要因となった。

5）コーディネーターの各専門家へのタイミングのあった情報提供

B男は当初「アルバイトを辞めさせられたら，また見つけてやる」と言っている。しかし，無断アルバイトが教師に発覚しそうになり，B男の学校を続けたい気持ちを確認したところで，コーディネーターはB男の了解をとり，担任へ伝えた。学校には，校則違反のアルバイトについて，生徒指導部による謹慎がある。B男がアルバイトをしていることにより，生徒指導対象生徒になりB男が混乱し退学に追い込まれる場合もある。B男の意志を確認したところで，各専門家にアルバイトと家庭の養育機能について担任・学年主任・校長へ情報

第3章　円滑実践事例におけるコーディネーターの役割

を提供した。

このように，学校における相談活動は，援助チームのアセスメントに基づいて，タイミングをみて生徒に関する情報を共有しなければならない。学校相談活動におけるコーディネーター特有の問題でもある。

6）校長の権限と役割

淵上（2002）は，学校経営については校長が，クラス経営については担任が強い影響を与えると述べている。問題をかかえた生徒に対しては，クラス担任だけでは対応できない。しかし，各専門家が集合すると，集団内においてのストレスを蓄積し，離散する場合がある。そこで，強力な権限が必要となる。問題をかかえた生徒の対応についてはコーディネーターがリーダーシップをとったが，学校全体のルールの問題になると校長がリーダーシップをとった。コーディネーターは，担任に「家庭謹慎になればおそらく学校は続かないと思うので，校長の判断も必要になると思う」と，校長の援助チーム参加を提案している。家族の問題だけでなく，学校内のルールの調整が必要である。特に，アルバイトは校内のルール違反であり，校内のルールをそのまま当てはめればB男の登校は難しくなる。校内のルールを無視すれば，他の分掌や学年，生徒に影響を与える。

そのような中，校長は「アルバイトの処分より生徒を学校に帰すことの方が重要である」というB男の個人援助を重視した決断をした。その校長の決断に対しては，他の分掌や学年から苦情はなかった。スムーズに，コーディネーターも担任も援助を行うことができた。担任，学年主任，コーディネーターの立場からすると，B男への援助が，校長によって守られ，安心してB男の個別援助の役割を果たすことができた。また，教員集団の疲弊を防いだ。

学校で相談活動を行う中では，問題意識を持たない保護者に対して対応しなければならないことがある。担任だけでは対応できず，チーム援助が重要となる。本事例では，コーディネーターはB男と家族には長期的な援助が必要であると考え，保護者の問題意識の形成と，校外専門家の援助の特徴を説明し，カウンセラーへ引き継いだ。コーディネーターは生徒のアセスメントとニーズ

に基づき援助にあたった。また，コーディネート方針を示し，役割分担を明確化しながら，タイミングをみて各専門家へ情報の提供が行われた。さらに，援助者として校長の特徴を理解し，援助チームに参加させる役割を果たした。コーディネーターにより，早期の段階で生徒の問題に合ったチーム援助の体制が組まれ，生徒のニーズに合った援助を行うことができた。さらに，役割分担によって，それぞれの専門性を生かすことができた。

第4節　校外専門家の特徴理解（自験例3）

　この事例は，自傷行為と自殺未遂の経験のある生徒を援助した事例である。生徒の自傷行為の個人情報開示の了解をとらなかったため，母子関係の混乱を助長した。また，医師と連携できなかったが，他の校外専門家の特徴を理解することで，適切な援助を行うことができた。校外専門家の特徴が顕著に示された事例である。そこで，チーム援助の過程に焦点を当てて，コーディネーターの役割を考察していくこととする。
　なお，コーディネート事例研究にあたって，プライバシーに配慮して事例の詳細については，最小限にとどめ論旨に影響のない範囲で一部改変している。また，対象事例は援助実践活動終了後に研究についての同意が得られている。

（1）事例の概要
1）事例対象者
対象生徒：高校3年生（C男）
家族構成：父（40代），母（40代），C男，弟（中学2年生），弟（3歳）
問題の概要：自傷行為，薬の大量服用による自殺未遂
　状態：依存と自立の葛藤に揺れ動くが，C男は母親に依存したいができない状態にあり，自傷行為を繰り返し自殺未遂をした。手すりにつかまって，階段をよろよろしながら登る姿がよく見られた。弟はC男が中学生のときに誕生し，C男は弟をいまだに家族として認めることができなかった。C男には，親

しい友人がクラスに2人いた。友人2人は、家庭にも遊びに行っておりC男の気持ちや家族の対応を知っているために心配していた。

見立てと方針：依存と自立の葛藤に揺れているC男の援助のために、母親と学校が関係をつくって、C男には母親に依存したいという気持ちがあることを理解してもらう必要がある。しかし、母親が学校の介入を求めないため、コーディネート方針は、養護教諭がC男の気持ちを受け止めること、自殺未遂については教師間の情報の共有を図り、C男の小さな変化に注意するとした。また、担任が進路指導をしてC男に希望を持たせるとした。C男の友人は、学校のルールを守りながら援助すること、教師集団が混乱しないよう学校組織の安定を図るために、校外のカウンセラーにコンサルテーションを受けることとした。

2）校外専門家

カウンセラー：某国公立大学の教師であった。福祉現場の実務経験が長かった。また、学校教育についても詳しかった。

医療機関：C男の自殺未遂の治療のために緊急入院し、通院した病院。

3）学校と校外専門家の連携

コーディネーターが窓口となり連携した。カウンセラーとの直接的な連携は2回行われ、養護教諭が直接大学へ行った。

4）援助の期間

コーディネーターの援助期間：X年6月～X＋1年3月

カウンセラーの援助：X年9月23日とX年11月、カウンセラーのコンサルテーションはC男の自殺未遂したときと医師の治療を絶ったときの2回。

医療機関：X年9月～X年10月

（2）事例の経過

事例の経過を3期にわけた。第1期は、アセスメントによって校内援助体制を整えた時期、第2期は、校内外各専門家へのコーディネーション活動を促進し、危機支援を行った時期、第3期は、校内コーディネーション活動の結果、

進路指導等が行われた時期である。

1）第1期 アセスメントによって校内援助体制を整えた時期

コーディネーターは，養護教諭と担任から，C男が母親から叱責を受け不安定になったと聞いた。このことを受けて，コーディネーターは，養護教諭と担任へ援助の目標を明確にし，役割分担をした。

コーディネーターの養護教諭へのコンサルテーション：X年6月2日

養護教諭はコーディネーターに，母親の思わぬ対応とC男を傷つけたことの不安を訴えた。養護教諭はC男のリストカットの傷を発見し担任に報告し，担任は母親に連絡した。しかし，翌日C男は養護教諭に泣きながら，「母親から，『甘ったれるな。お前だけ悩んでいるわけでも，苦しいわけでもない。面倒なことをするな。死にたいなら勝手に自分で死ね』と言われた」と話した。また，C男は心療内科等へ通院の希望を述べた。養護教諭は，C男が今後どうなってしまうか心配であると言った。コーディネーターは「泣きながらC男が養護教諭に報告したことは，C男が養護教諭に対して信頼関係があるからできたことだと思います。今後ともC男のつらい気持ちを聞いてほしい。通院治療については，保険証がいるので子どもだけの判断では難しい。また，『リストカットは止めてほしい』と養護教諭の素直な気持ちをC男に伝え，養護教諭の大切なものとC男のカッターを交換してほしい。また，つらい気持ちを聞いてほしい」とお願いした。

コーディネーターの担任へのコンサルテーション：X年6月4日

担任よりコーディネーターに，C男の自傷行為の連絡後，母親がC男を受容せず，逆に突き放したことを相談した。担任は「担任としては連絡せずにおれなかった。まさか母親がこんな対応をするとは思わなかった」と話した。担任，コーディネーターともC男が置かれている親子関係を確認した。コーディネーターは，方針案として，①C男を注意して見守ることが重要であるので，C男の友人たちと先生が人間関係をつくり，C男の状態を知るようにしておくことをお願いした。ただし，②生徒の援助の限界とC男の友人が巻き込まれないように担任は注意する必要があることを伝える。具体的には「自傷他害は

第**3**章　円滑実践事例におけるコーディネーターの役割

担任に報告する。生徒が援助のために学校のルールを破るようならば注意すること」を説明した。担任は了解した。

また，コーディネーターは，養護教諭と担任それぞれに「生徒の秘密を話す場合は，了解を得る判断も必要で慎重に対応する必要があり，保護者に話す場合，電話だけのやり取りは非常に危険である」と伝えた。

その後，家庭に依存できないＣ男の保健室来室は継続し，養護教諭の受容的な態度はＣ男との信頼関係をつくった。また，担任は，Ｃ男の友人からＣ男の様子を丁寧に聞いた。例えば，Ｃ男の友人がＣ男の家に遊びに行くと，弟が注射器で血を抜いて飛ばしているが，母親は注意しないことが話された。

コーディネーターの担任へのコンサルテーション：Ｘ年６月10日

担任がコーディネーターに声をかけ，Ｃ男の無断欠席について家庭にどのように連絡をしたらよいか相談された。コーディネーターは「Ｃ男の友人からの情報に期待しましょう」と話した。しばらくして，Ｃ男の友人から「Ｃ男は一人で10キロ離れた友人の家に向かって歩いている」と情報が入った。困った担任から再び親への対応について相談があった。コーディネーターは「母親の立場になって大変さを共感しつつ，担任と母親の関係をつくる。そして，学校でできることがあればと声をかけてほしい」とアドバイスをすると，そこに，母親から「Ｃ男は体調不良で欠席」と連絡が入る。担任は「学校でできることがあれば」と，母親に伝えた。

2）第２期　校内外各専門家へのコーディネーション活動を促進し，危機支援を行った時期

コーディネーターは，Ｃ男が自殺未遂をしたと養護教諭から聞き，カウンセラーのコンサルテーションのもと，校内の役割分担をするとともに危機支援をした。

コーディネーターの養護教諭へのコンサルテーション：Ｘ年９月17日

養護教諭からコーディネーターに「Ｃ男から，夏休みに家族で旅行に行き，リストカットの傷を母は見たが気づかないふりをする。また，傷が腕から胴体に代わりますます深くなっている。Ｃ男は思っていることを口にすることが難

しいようで交換ノートの提案をし，C男も了解する。翌日C男は，夜，頭痛薬を40錠飲んで自殺未遂をする。朝，母親から内線の電話が入るが起きることができず，救急車で病院に運ばれ，胃洗浄，検査を受け5日間入院する。両親とも自殺の理由をたずねることはなく，内科と精神科両方の治療を受けることになる」という内容を動揺しながら話した。養護教諭は，「自分の今までの対応が悪かったのではないか」とコーディネーターに相談した。コーディネーターは，じっくりと養護教諭の話を聞き，養護教諭の自責の念を取り除き「今後もC男を一緒に見守っていきましょう」と，言葉を添えた。コーディネーターは，養護教諭に，校長の理解を求めながらチームでかかわることを提案し，C男を支えるためには専門家のアドバイスが必要であると説明した。養護教諭は，「C男は『ぼくが養護の先生に話していることや内容を秘密にしてほしい』と言っているので，何かあっても秘密のはずだから他人に知られることはない」という意見であったが，了解した。

第1回　チーム会議　コーディネーター・担任・養護教諭：X年9月18日

コーディネーターが呼びかけ，チーム会議が開かれた。コーディネーターは危機対応の基本を提案する。①校長の理解のもと直接援助は必要最小限の人数で対応する，②保護者の了解のもと入院した医療機関と連携しながら対応する，③危機状態に陥った原因，C男の問題解決力，援助体制や援助方法の査定をする，④絶対やってはいけないこととして，養護教諭がかかえきれなくなることなどである。担任と養護教諭からは，現在の状況では，親との連携が難しいことが話された。教師がC男の自殺未遂について親に話せば，1学期のリストカット同様，C男が叱責されることが考えられるとの意見が出された。危機の要因や自傷行為の裏には母子関係があると話され，C男の依存したい気持ちを受け入れられない家族の現状が共通認識された。また，養護教諭，担任，友人の援助体制が確認された。担任も交えて対応を考えることになった。その結果が，①専門家のアドバイスをもらい，養護教諭を支えるためカウンセラーにつくことが確認される。さらに，②（コーディネーターから担任へ）C男の好きなことを聞いて進路につなげることを提案し確認された。また，③学校では教師

郵便はがき

料金受取人払郵便

山科局承認

128

差出有効期間
平成28年1月
20日まで

　　　（受　　取　　人）
　京都市山科区
　　　日ノ岡堤谷町1番地

　　　ミネルヴァ書房
　　　　読者アンケート係 行

➡ 以下のアンケートにお答え下さい。

お求めの
　書店名＿＿＿＿＿＿＿＿＿＿＿市区町村＿＿＿＿＿＿＿＿＿＿＿＿＿＿＿書店

　この本をどのようにしてお知りになりましたか？　以下の中から選び、3つま
で〇をお付け下さい。

A.広告（　　　　　）を見て　B.店頭で見て　C.知人・友人の薦め
D.著者ファン　　　E.図書館で借りて　　　F.教科書として
G.ミネルヴァ書房図書目録　　　　　　　H.ミネルヴァ通信
I.書評（　　　　　）をみて　J.講演会など　K.テレビ・ラジオ
L.出版ダイジェスト　M.これから出る本　N.他の本を読んで
O.DM　P.ホームページ（　　　　　　　　　　　）をみて
Q.書店の案内で　R.その他（　　　　　　　　　　　　　）

書 名　お買上の本のタイトルをご記入下さい。

◆上記の本に関するご感想、またはご意見・ご希望などをお書き下さい。
　文章を採用させていただいた方には図書カードを贈呈いたします。

◆よく読む分野（ご専門）について、3つまで○をお付け下さい。
　1. 哲学・思想　　2. 世界史　　3. 日本史　　4. 政治・法律
　5. 経済　　6. 経営　　7. 心理　　8. 教育　　9. 保育　　10. 社会福祉
　11. 社会　　12. 自然科学　　13. 文学・言語　　14. 評論・評伝
　15. 児童書　　16. 資格・実用　　17. その他（　　　　　　　）

〒
ご住所

　　　　　　　　　　　　　　　　　Tel　　　　（　　）

ふりがな　　　　　　　　　　　　　　　　　年齢　　　　性別
お名前　　　　　　　　　　　　　　　　　　　歳　　男・女

ご職業・学校名
（所属・専門）

Eメール

　　　ミネルヴァ書房ホームページ　　http://www.minervashobo.co.jp/
　　　　＊新刊案内（DM）不要の方は × を付けて下さい。　□

の注意を促し，C男の友人をそばにつけて注意をすることが確認された。

　第2回　チーム会議　コーディネーター・校長・教頭・担任・学年主任・養護教諭：X年9月19日

　その後，担任が学年主任に報告し学年主任が校長に報告し，医療機関とカウンセラーとの連携の了解を得た。校長は関係者を呼び「よろしくお願いします」と声をかけた。

　養護教諭がカウンセラーへ：X年9月20日

　カウンセラーのコンサルテーションでは，コーディネーターのアドバイスの他に，①自殺未遂を繰り返さないこととして，交換ノートの継続と学校側が家族と関係を持つアプローチをする，②学校側の安全対策として事態に冷静に対応する，③C男との信頼関係や特性を基本に援助方法を考えることが説明された。

　第3回　チーム会議　コーディネーター・校長・教頭・担任・学年主任・養護教諭：X年9月21日

　養護教諭よりカウンセラーのコンサルテーションが報告され，確認された。

　チーム会議の内容を担任は，学年会で報告した。「学校では一人にさせないようにできるだけ友人をつけるが，それでもC男が一人で行動することがあれば教師が注意してほしい。また，学校側が母親と関係をつけるために，直接話せるように工夫する。例えば，C男が早退する場合，母親が迎えにきたときに保健室に来室してもらう」という内容であった。

　その後，担任から，相談係会や学年会で「頻繁に家庭と連絡をとっている。欠席した場合は丁寧に理由を聞くようにしている。養護教諭やC男の友人と連絡をとりながら，変化に気をつけている」と，報告された。

　養護教諭からコーディネーターへ「C男は病院へ行っても5分くらいしか話さないので通院を取りやめたい」と相談があった。コーディネーターは医療機関との関係が切れたため，再びチーム会議の提案をした。

　第4回　チーム会議　コーディネーター・担任・学年主任・養護教諭：X年11月6日

メンバー全員で養護教諭とカウンセラーとの連携の必要性を確認した。

養護教諭がカウンセラーへ：X年11月7日

カウンセラーは，交換ノートを見ながら「いいじゃあないですか」と言い，このまま交換ノートを続けるように，職員間の連携を密にして小さなサインを見逃さないようにとアドバイスをした。

第5回　チーム会議　コーディネーター・担任・学年主任・養護教諭：X年11月8日

養護教諭より，カウンセラーのコンサルテーションを報告，確認した。そして，養護教諭は「交換ノートがこれでよかったか不安だったがカウンセラーに『いいんじゃないですか』と言われると安心できた」と発言した。

以上のカウンセラーのコンサルテーションの内容が，担任より学年会に報告された。

3）第3期　校内コーディネーション活動の結果，進路指導等が行われた時期

養護教諭の提案以来，C男の交換ノートは卒業まで続けられた。内容は養護教諭とC男とカウンセラー以外知らなかった。時々ノートが破られていることもあり，養護教諭はC男の心の動きに気を配った。

X年12月3日相談係会で，養護教諭から交換ノートには「もう死なない」と書かれていたと報告された。担任は，養護教諭の出張やC男が欠席の際に担任が交換ノートを中継しているとコーディネーターに話すが，「あえて，何も聞かないんだ」とつけくわえられた。

X+1年3月1日　結果的にC男は希望の大学に合格した。C男は「卒業できちゃった。普通に過ごせるようになるといいけど，どうだろう？」と卒業のお礼に保健室に来室した。卒業後，時折C男が保健室に来室していた。

（3）事例の考察

1）C男の変化

C男はリストカットを「なぜやるかわからない。……このままの状態が続くことが不安である」と述べている。C男は母親にリストカットを止めてもらい

たいと思っていたのではなかろうか。また，C男は弟に嫉妬し，3歳になる弟を認めることができないでいる。つまり，弟のようにC男は母親に依存したい気持ちを持っていると考えられる。Blos（1962）は，「青年中期は第二の分離―個体化の過程と見なし，心理的分離と個体化はその後の自我同一化の核となる。青年中期の子どもの依存と自立の葛藤をうまく支えながら，自立へ導く必要がある」としている。不安定なC男は母親に依存したいが，C男は逆に母親に「甘ったれるな。お前だけ悩んでいるわけでも，苦しいわけでもない。面倒なことをするな。死にたいなら勝手に自分で死ね」と言われる。より不安定になり，リストカットはますますひどくなる。その結果，大量服薬の自殺未遂に至る。これは母親に救いを求めるサインであったのであろう。

　また，養護教諭との交換ノート提案直後の自殺未遂は，「リストカットを止めたい。病院に行けばやめることができる」という救いを求める行動である。このことに関しては，宮本（1984）によれば，「青年期の自殺は，死にたい気持ちと生きたい気持ちが，両価的に存在するとも言われるわけである。だから，自殺の訴えそのものが『救いを求める叫び』（S. Shneidman, 1993）だともいえる。実はここに自殺予防の意義と可能性がある」と述べている。

　養護教諭と担任の援助は，依存と自立の葛藤に揺れ動くC男の支えとなった。さらに，交換ノートは，C男の「不安定な自分を助けてほしいという気持ち」を受け止める機能を果たし，ある意味ではカウンセリング的な役割をしたと考えられる。また，担任の「好きなことを聞いて進路につなげる」という進路指導は，C男の自立の支えとなった。したがって，担任は進路指導という教育的な役割を務めたと考えられる。この両者のバランスがとれた援助が有効であったと評価できる。コーディネーターがいることにより，援助体制の整備が，C男にとってニーズがあったときに，タイミングよく行われた。

2）考　察

　自傷行為と自殺未遂の経験のある生徒に，危機支援を行うことができた。本事例を通して，チーム援助における個人情報開示とコーディネーターの役割を検討する。

3）チーム援助における個人情報開示による生徒の利益と了解の判断

　養護教諭はＣ男のリストカットの傷を発見する。養護教諭はそのことを担任に報告した。さらに，担任は母親に報告した。しかし，翌日のＣ男の面接で母親から叱責を受け，「死にたいなら勝手に自分で死ね」と言われたとＣ男は泣きながら話す。養護教諭は，母親の思わぬ対応とＣ男を傷つけたことに，不安を訴える。加えて，担任にも混乱を招いた。チーム援助を行うためには，問題の共通理解をするために，情報を共有する必要がある。しかし，情報を共有することにより，不用意に生徒を傷つける場合がある。また，援助者と生徒の信頼関係が損なわれ，援助に影響が出る。それを防ぐために，援助者は問題をかかえた生徒の「個人情報開示による相談者の利益の判断」と「了解を得るべきかどうかの判断」は重要である。個人情報の開示の了解をとるためには，援助者が生徒と真剣に向かい合う必要がある。

　次に，コーディネーターの専門性を検討する。特に，校外専門家の特徴理解による援助体制形成と校内各専門家への役割を検討する。

4）コーディネーターによる校外専門家の特徴理解と援助体制形成

　現在の日本の学校がかかえている問題は，教師だけで問題を解決することが限界にきていることだと考える。特に，心理面のサービスや法的責任において，多様な専門家の支援を受けながら，教師のよりよい教育サービスを提供していく時代である。つまり，校外専門家と教師の連携が求められている。そして，校外専門家と教師を連携するコーディネーターが重要である。カウンセラーのコンサルテーションは，良質のサービスの提供と教師の安定を図る上で効果的であったと思われる。専門機関によって，目的と役割がそれぞれ異なる。Ｃ男の場合「自殺予防」であり，学校教育の事情を理解できている専門家がよいと判断し，学校事情に明るいカウンセラーとの連携を図った。具体的には，Ｃ男と養護教諭の安定と学校の安全管理が，連携上重要であった。養護教諭は「交換ノートがこれでよかったか不安だったがカウンセラーに『いいんじゃないですか』と言われると安心できた」と述べている。また，母親と学校との関係づくりは，最後までできなかった。しかし，「早退のときなど母親が迎えにきた

ときそれとなく関係をつける」などのコンサルテーションは，学校の組織をわかっているカウンセラーであるからこそ，援助者の安定につながったと思われる。さらに，「一人にさせない」というアドバイスは，Ｃ男を守る上で，校長も含めた教師にチーム援助の大切さを示した。このように，コーディネーターが学校における自殺予防という観点で学校の事情に精通している校外専門家を選んだことは，教師の安定とチーム援助の必要性を示した。したがって，コーディネーターは校外専門家の特徴を理解することが重要である。

本事例のように困難をかかえた生徒に対して，複数の専門家による援助を的確に行うために，校内外の援助チームを形成する必要がある。特に日本の学校では，校内に教師以外の専門家が少ないため，校外の専門家の特徴を理解する教師が必要であろう。しかし，教師は，一般的に校外専門家の特徴理解についての訓練は受けていない。校外専門家の特徴を理解し援助体制を形成することは，コーディネーターの専門性といってよいだろう。

5）養護教諭・担任への役割

上述したように，学校は母親，医師と連携ができない状況であった。医師は自殺予防の専門家である。母親は家庭における援助の主体者である。しかし，母親はＣ男の気持ちを受け止めることは苦手であった。母親がＣ男の気持ちを受け入れることの代わりを，養護教諭が交換ノートを通して行った。養護教諭はＣ男を心理的に支えた。担任は，進路学習指導を積極的に行い生活の希望を持たせ，適応させた。まず，養護教諭と担任に対するコンサルテーションの役割を検討する。

学校において，生徒の困難な状況を把握しやすい立場にある養護教諭は，当初「Ｃ男は『ぼくが養護の先生に話していることや内容を秘密にしてほしい』と言っているので，何かあっても秘密のはずだから他人に知られることはない」という意見であった。しかし，コーディネーターは，今日の学校における責任を考えると，校長に報告し学校として援助することが必要と考えた。ところが実際，養護教諭は，コーディネーターや担任に自殺未遂について報告している。養護教諭は守秘義務を個人として守りたいと考えながら，実際的にはＣ男を

一人で援助していくことは難しい状況であったと思われる。

　自殺未遂の報告を受けた時点で，コーディネーターがチーム援助の必要性と援助者が今後やってはいけないこと等コンサルテーションをした。また，医療機関，カウンセラーとの連携について，方針を提示した。その結果，早期に校内のチームに校外の専門家が加わり，援助を必要としている生徒の多面的理解と援助内容の明確化が行われ，養護教諭に見通しを持たせることができ安定させることができた。そのため，養護教諭は，卒業後もＣ男の保健室への来室を受け入れ関係を続けている。コーディネーターによる早期の役割分担と，校外専門家との連携と見通しは，教師を疲弊させることなく，教師の自己効力感を育てつつ危機対応への援助ができた。

　したがって，自殺未遂生徒の危機支援において，コーディネーターの早期のチーム形成と見通しを持ったアドバイスは重要であると考えられる。

　担任へのコンサルテーションの役割を検討する。担任の電話による保護者へのリストカットの連絡は，Ｃ男の了解と保護者のアセスメントもなしに行われた。結果として，母親の混乱をＣ男にぶつけることになった。その後，担任は，Ｃ男の対応についてコーディネーターに相談するようになる。「Ｃ男の友人と先生が人間関係をつくり，情報を共有する」「担任は母親の立場になって，大変さを共感し関係づくりをする」などコーディネーターができるだけ丁寧に手順と対応の仕方を説明した。その結果，早期に自殺未遂の報告も受けることにつながり，チームによる援助を行うことができた。さらに，コーディネーターの「本人の好きなことを聞いて進路指導につなげる」「人生，進路についてできるだけ希望を持たせる」という担任へのコンサルテーションは，学習，進路指導をする３年の担任に対して適切であった。その結果，Ｃ男にとって希望を持たせることができた。

　さらに，担任はクラスの他の生徒の発達，教育も考えなければならない。Ｃ男の友人が巻き込まれないように，担任にコンサルテーションできたことも重要である。このＣ男の友人の協力をピアサポートという視点から捉えることもできるだろう。ピアサポート活動の課題として，ピアサポーター側の心理的

負担が挙げられる。具体的には「同一化」や「転移・巻き込まれ」である。C男を援助した生徒は同一化・巻き込まれなしに援助した。これは，生徒の担任への信頼と，コーディネーターから集団力動を踏まえた担任へのコンサルテーションが有効であったからだと思われる。そして，危機支援を必要とする難しいケースにおいて，C男の友人は重要な情報提供者であり援助者となった。

コンサルテーションは，スクールカウンセラーの専門性の高い領域である。コーディネーターは，スクールカウンセラーを活用し，援助体制を形成することが可能である。

6）校長の権限と役割

援助を必要とする生徒に対して，学校内外において援助体制をつくることが，チーム援助の要である。その際，校長の協働性を高める働きかけは，援助体制を促進する。また，教職員の仕事に対する意識の高揚につながる。

本事例では，担任，養護教諭からコーディネーターにそれぞれ直接ケースの依頼があり，校長は養護教諭，コーディネーター，担任，学年主任に直接依頼している。校長は，コーディネーターと同様にチームであたることの重要性を理解していたと思われる。

特に，学校における危機対応については，校長のリーダーシップが大きな役割を果たす。校長はリーダーシップを発揮し，養護教諭，担任，学年主任，コーディネーターにこの事例の対応を依頼し，協働性を高める働きかけを行っている。その結果，チームを組みやすい要因となったと思われる。

C男の自傷行為について，養護教諭の了解なしの個人情報開示は，C男の混乱を招いた。チーム援助を行う場合，個人情報の開示に関する了解の判断が重要であろう。コーディネーターは，早期に養護教諭や担任の不安な気持ちを受け止め，コンサルテーションをした。そして，養護教諭は，C男との面接を通し，母親に依存したいができない心情を受け止めた。さらに，コーディネーターは，自殺未遂後，早期にカウンセラーを紹介し，養護教諭，担任の役割をあきらかにし，自殺未遂の危機対応を行った。医師と保護者に連携ができない状態であったが，コーディネーターの校外専門家の特徴理解によって，安定した援

助体制をつくることができた。コーディネーターがいることにより，校内外専門家の援助体制を整備し，役割分担をしてタイミングのあった援助ができることがあきらかになった。

第4章
困難実践事例におけるコーディネーターの役割

　本章では，困難事例を2例示す。2事例とも，コーディネーターが，援助にかかわろうとしない教師に対して，コーディネーターの役割を示した自験例である。研究方法は第3章と同様のコーディネート事例研究による方法を用いた。自験例4は，母親の自殺とその不安をかかえた不登校生徒に対し，危機回避した事例である。自験例5は，1年半以上無断欠席を繰り返した非行傾向生徒を援助した事例である。これらをもとに，困難事例におけるチーム援助の過程に焦点を当てて，コーディネーターの役割を考察する。

第1節　生徒も教師も疲弊した事例（自験例4）

　母親の自殺とその不安をかかえた不登校生徒に対し，危機回避したものである。コーディネーターの介入が遅く（生徒がパニック症の診断を受けてから1年3ヵ月後），医師との役割分担が曖昧になり，パニック症の生徒は不安を増し，教師は疲弊し援助にかかわろうとしなかった事例である。援助にかかわろうとしない教師に対して，コーディネーターによる校外専門家との役割分担が効果的に示された事例でもある。また，コーディネーターによる，父親や母親，教師という援助者へのアセスメントについて論じた。そこで，チーム援助の過程に焦点を当てて，コーディネーターの役割を考察していくこととする。
　なお，コーディネート事例研究にあたって，プライバシーに配慮して事例の詳細については，最小限にとどめ影響のない範囲で一部改変している。また，対象事例は援助実践活動終了後に研究についての同意が得られている。

(1) 事例の概要
1) 事例対象者

対象生徒：高校2年生（D子）

家族構成：父（40代），母（40代），D子，弟（中学2年生）

問題の概要：パニック症（高校1年4月に医師より診断を受けた）

　パニック症の症状は，入学直後体育館で気持ちが悪くなったのが最初で，それ以来気持ちが悪くなることを心配し，登校できなくなった。登校しても授業中，不安を感じるあまり，震え，吐き気などがあった。吐き気を怖れて，保健室へ行くことが多かった。また，不安のため，夜の外出はできなかった。気持ちが悪くなることを怖れて，外食もできなかった。

　状態：中学時代は運動部に所属し，レギュラーとして活躍していた。行動面では，責任感が強く頑張り屋で，さぼっている生徒がいる中で，毎日参加し運動部を支えた。高校1年生のときの欠席は20日であった。高校2年生の欠席は，7月の時点で25日になっていた。親しい友人は小学校時代の幼なじみであった。高校1，2年生と同じクラスであった。また，部活動も同じであった。学校に来ることができないときは，夕方，登校の練習といって母親が付き添い，学校で階段の登り降りをしていることがあった。また，登下校時に母親がD子に付き添っていることが頻回にみられた。

　見立てと方針：コーディネーターによる父親，母親，D子への面接から，D子は気持ちが悪くなることが不安で，登校ができないという一般的なパニック症の症状を呈していたことがわかる。その他に，コーディネーターによるD子の面接から，母親が自殺するのではないかという不安があることもあきらかになった。D子と母親は，登下校や学校でも一緒にいることが多く，母親の状態がD子に強く影響している様子であった。気持ちが悪くなることへの不安と母親への不安の心理的問題が，D子の不登校の要因であることをコーディネーターは見立てとした。D子が努力家であることが，さらに心理的負担に拍車をかけていた。進級については，不認定の状況が迫っていたが，登校にこだわると，不安を大きくする可能性があり，医師による母子の治療を優先するこ

第4章　困難実践事例におけるコーディネーターの役割

とを援助方針とした。
　2）校外専門家
　精神科医：D子がパニック症の発症時に受診した病院の精神科医
　3）援助の期間
　コーディネーターの直接援助：X年7月〜X＋1年3月
　校外専門家と学校との連携：X年10月
　4）コーディネーター援助までの経過
　入学当初，気持ちが悪くなったことがあり，それがもとで不安で登校しづらい状況にあった。担任と養護教諭は，医師の連携のもと，D子の意志を大切にするということで援助してきた。また，担任と養護教諭は，両親からD子を迎えに来てほしい等依頼され，学校のそばにある自宅まで迎えに行くが，何時間も登校できない状況が続いていた。D子の担任は1，2年同じであった。担任はD子が2年生に進級する際，自ら担任を希望した。D子が2年生の7月，担任は両親へ「D子の出席時間にこだわらず，日常生活を送れるように考えたら」と提案したが，両親から迎えなど生活の手助けの依頼がきた。また，養護教諭は，両親から医師の治療がうまくいっていないことを相談されていた。担任と養護教諭は，D子の援助に疲弊をきたしている状態であった。

（2）事例の経過

　事例の経過を3期にわけた。第1期は，校内外の情報からアセスメントを行った時期，第2期は，校内外各専門家へのコーディネーション活動によって，危機回避した時期，第3期は，校内のコーディネーション活動をし，校内の援助が行われた時期である。
　1）第1期　校内外の情報からアセスメントを行った時期
　担任と養護教諭の援助依頼により，コーディネーターが，父親，母親，D子の面接によって，アセスメントを行った。
　　第1回　チーム会議　コーディネーター・担任・養護教諭：X年7月20日
　担任と養護教諭より，今までのD子の状況が説明された。D子は1年生の

4月，体育館にいたとき気持ちが悪くなった。それ以来，気持ちが悪くなることが心配で病院に行った。D子はパニック症の診断を受けた。それを受けて担任が医師と連携したところ，医師より「D子の意志を大切にしてほしい」と助言された。その助言のもと，担任と養護教諭は，自宅まで迎えに行くことがあるが，何時間も待たされることがあると説明した。養護教諭は，両親から医師の治療がうまくいっていないことを相談され，いくつかの無料の相談所を勧め，母親は相談に行ったことを報告した。コーディネーターは，担任から「D子とその家族に会ってほしい」と言われ，同意した。コーディネーターは，個々に面接したいと伝えた。すると，担任と養護教諭から，父親が中心になって話を進めているため，父親から行った方がよいと説明された。3者は面接と会議の手順を確認した。①担任がD子と両親にコーディネーターへの相談を勧め承諾を得る，②コーディネーターが父親面接を行ったところで，次のチーム会議を開くことが確認された。

　担任からD子と両親に，コーディネーターへの相談が勧められた。その結果，D子と両親の了解が得られた。

　コーディネーターによる父親，母親，D子の面接が行われた。

　コーディネーターによる父親面接：X年9月第1週

　父親は，D子が1年生の4月に，医師よりパニック症の診断を受けたことを話した。そして，父親は堰をきったようにしゃべり出した。「担任の先生と娘は手紙のやり取りをしていましたが，担任は『手紙をよこさないでほしい。緊急時以外担任や養護教諭に電話をかけないでほしい』と言い，学校に置いてあったD子の勉強道具を全て返してきました」と教師への不信感を述べた。さらに，「実は，妻は昨年の11月頃からうつ病になりました。登校時間になるとD子と母親は机に向かい合わせに座り，大声を出す状態です。娘は私たちに変わってほしいとも言います」と，母親とD子の状態が話された。コーディネーターは，援助のために面接の概要を他の教師に伝えることについて，父親の了解を得た。

　第1回チーム会議を受けて2回のチーム会議が行われた。

第4章　困難実践事例におけるコーディネーターの役割

第2回　チーム会議　コーディネーター・担任・養護教諭：X年9月第1週

コーディネーターは、「個人情報ですが、D子の不登校がきっかけで母親がうつ病を患ったようです」と報告した。担任や養護教諭から、援助を続けることの不安が出された。養護教諭から、母親がD子に与える影響について質問された。コーディネーターは「母親の面接をしてみないとわかりませんが、母親は総合的な判断をすることが難しくなると思います。その結果、D子の状態を考えずに登校を促すために、毎朝にらみ合いが続いているようです」と応えた。担任と養護教諭から、D子の家族への不信の気持ちが発言された。3者で状況が理解された後、コーディネーターは、「父親が言うには、D子は『両親に変わってほしい』と言っているので、D子のニーズを確認することと、医師との役割分担によって教師ができることを確認できると思います」と意見を伝えた。

コーディネーターは、担任と養護教諭が信頼関係をつくって対応したことの労をねぎらった。コーディネーターは、担任に「パニック症は、不安なために日常生活が困難になり、場合によってはD子の依存傾向も強くなると思います。D子と母親を守るためにも医師の治療を再開しましょう」と、説明した。それを受けて、D子のニーズの確認と医師の治療を優先するという援助方針が、3者で確認された。①コーディネーターがD子のニーズを確認する、②コーディネーターは、医師と学校との連携を父親にお願いする、③担任は、母親とD子の状況を学年主任に報告し、さらに学年主任から全職員へD子の状況のみ報告する、④コーディネーターは、管理職にD子と母親の状況を報告することが確認された。

朝礼で学年主任から全職員へD子の状況が報告され、コーディネーターは管理職にD子と母親の状況を報告した。

その後、コーディネーターは母親面接を行った。

コーディネーターによる母親面接：X年9月第2週

コーディネーターは「専門機関が定まるまでお話を聞くしかできませんが、お会いするということでいいですか？」と聞いた。……（うつむきかげんだった

母親はゆっくり頷いた）……コーディネーターは，母親の発語が遅く意気消沈した感じから，心の問題に深入りしないように考えた。さらに，医師による治療の必要性を感じた。そこでコーディネーターは「どこの病院が一番落ち着きますか？」と聞いた。……（母親は何度も携帯電話を見た）……コーディネーターが「お嬢さんですか？」と聞くと，しばらくして「はい」と答えた。コーディネーターは「気になるのですね？」と言うと，母親は再びゆっくり頷いた。コーディネーターは，母親がＤ子のことが気になり，考えがまとまらない様子を感じた。

　さらに，Ｄ子の面接を実施した。

　コーディネーターによるＤ子面接（母親と同日）

　Ｄ子は「学校の話は医師にはしない。ほとんど病院に行っていない。父親が薬をもらいに行くだけ」と述べた。さらに，Ｄ子は「お母さんはずるい。以前，お母さんは私が学校に行かないと２階にあがって行った。飛び降りようとした。だから，私はお母さんが２階から飛び降りるんじゃないか，ガスをあけるんじゃないかと心配になる。でも学校に行きたくなったとき，お母さんがいないと行けない。お母さんがいないと困る。学校にいてどきどきしたときは，お母さんに電話をして校門のところにいてもらう」と語った。その言葉から，コーディネーターは，Ｄ子も母親との分離が難しい状態であると考えた。さらに，うつ病の母親の自殺未遂行為が，Ｄ子に心理的負担をかけていると考えた。コーディネーターは，心理的負担を減らすため，Ｄ子に優先順位を確認の意味で求めた。コーディネーターは「学校に行くことと，お母さんが変なことをするんじゃあないかと思い続けるのと，どちらを優先して解決したい」と聞くと，Ｄ子は「お母さんが変なことをする方をなんとかしたい」と答えた。コーディネーターは，Ｄ子が自ら家族に伝えることの必要性を感じた。そのため，コーディネーターは「じゃあ，そのことお父さんに言えるかな？」と聞くと，Ｄ子は「言える」と答えた。コーディネーターは，援助のために面接の概要を他の教師に伝えることについて，Ｄ子の了解を得た。

　コーディネーターは，母親とＤ子の面接を受けて，援助方針を再びチーム

会議で検討した。

　第3回　チーム会議　コーディネーター・担任・養護教諭：X年9月第2週
　コーディネーターは，D子がうつ病の母親とその自殺未遂行為が心配で，学校に行きたいが行けない状態であり，無理やり登校させられることを嫌がっていると，D子の状況を報告した。また，D子と母親が通院していないことを報告した。担任からは，欠席が多く進級が難しい状況であることが報告された。これらを受けてコーディネーターは，以下の点について説明した。①まず，母親の安全を高めるために医師の治療が重要であり，父親に通院を勧めること，②現在の状況は母親の沈んだ様子で自発性がみられないことからエネルギーはないので，自殺の可能性は低いと思われること，③父親からは正確な情報が報告されていることから，父親をキーパーソンとすることを述べた。養護教諭は，病気の自覚がないままD子と両親に援助を求められ疲れたと述べた。すると，担任は，努力家のD子は，パニック症と母親の病気と自殺の心配で，ますます不安を大きくしていると思うと説明した。そこで，D子の心理的負担の軽減が大切であることが，3者で確認された。コーディネーターは，医師への通院を勧めることによって，D子を教師としてできる範囲で守ることを，再び提案した。

　3者は次のことを確認した。援助方針は，医師への通院を促した上で，学校と医師が連携をすること。具体的には，①コーディネーターは面接を通して，父親に通院及び教師と医師との連携を勧める，②3者のいずれかが通院の確認ができたところで，チームに報告会議を開くことである。

　コーディネーターによる父親面接：X年9月第2週
　コーディネーターは医師の治療を勧め，その上で学校と医師との連携の重要性を伝えた。

2）第2期　校内外各専門家へのコーディネーション活動によって，危機回避した時期

　D子と母親の通院が再開され，学校と医師の連携が行われた。
　第4回　チーム会議　コーディネーター・担任・養護教諭：X年9月第4週

担任より，医師によるD子と母親の治療が始まったことが確認された。さらに，担任から「自分たちができる援助の範囲を考えましょう」と提案された。

コーディネーターによる父母面接：X年10月第2週

父親から，医師から母子の分離の話と登校にこだわらない方針が出ていることが話された。登校については父親も同意見であることが話された。

第5回　チーム会議　コーディネーター・担任・養護教諭：X年10月第2週

コーディネーターは，父親から聞いた医師の治療方針を報告した。3者は，医師と連携するタイミングがきたことを確認した。コーディネーターは，①父親がD子の状況を説明しコーディネーターが補うこと，②担任が学校での援助の実態を伝えること，③教頭が学校における希望する援助を質問することを提案した。担任と養護教諭は了解した。また，事前にコーディネーターが，連携内容を父親に伝えることが了解された。

コーディネーターは，父親に連携内容の概要を連絡した。さらに，コーディネーターは，校長にD子と担任，養護教諭の状態を説明し，医師との連携内容と参加者，その役割分担を報告した。すると，校長は「自分からも教頭に病院へついて行くようにと伝える」と述べた。

医師との連携では，①父親とコーディネーターからは，D子は学校に行きたいが，母親が心配であること，②担任からは，両親から電話がありD子を迎えに行っていることや欠席が多く進級が難しい状況であることが報告され，③教頭からは，学校としてどのような援助をしたらよいか質問された。医師からは母親の入院が再度勧められた。父親は親戚の協力を得ることで工夫すると説明した。また，医師は治療を優先するためにD子の休学を父親に勧めた。

3）第3期　校内のコーディネーション活動をし，校内の援助が行われた時期

D子は休学中であるが，コーディネーターの担任への助言によって，校内の援助が行われた。

第6回　チーム会議　コーディネーター・担任・養護教諭：X年10月第4週

コーディネーターは，「D子は学校や担任との関係がきれると寂しいと思う」と説明した。担任からは，欠席時間が多く進級ができなくなったことが説明さ

れた。その後，職員会議では担任から「休学中であるが，D子の登校について認めてほしい」と説明された。そして，D子は担任のところへ来談し，親しい友人とともに部活に参加した。

　コーディネーターによる父母面接：X年11月

　母親からD子の自立の重要性が述べられた。

　その後，D子は外食や夜の外出ができるようになったなど，日常生活を送る上で，不安が軽減されたことが報告された。D子は「みんなと一緒に卒業できないのならば他の学校がいい」と言い，3月に転学した。その際，担任の学習指導が行われた。D子の転学試験は，気持ちが悪くなることを怖れて，保健室受験であった。

　D子は，転学後しだいに安定し進級した。さらに，アルバイトを始めて，スタッフをまとめる係となった。

　D子面接　フォローアップ（親しい友人も同席した）：X＋2年

　D子は「仕事を任されていて，学校と仕事で忙しい」と言い，親しい友人は「D子が学校に来ていないときメールを入れたが，それはよかったのか。今でもD子の家に遊びに行く。D子と家族はいつも一緒，あのときは空回りしていたように感じた。担任は一生懸命だったけど頼りなく見えた。D子はアルバイト先で当てにされている。学校と仕事を頑張っている。私も頑張ろうと思う」と，発言した。コーディネーターは「D子は寂しがり屋だから，メールを入れたことはうれしかったと思うよ」と述べた。

（3）事例の考察
1）D子への危機回避と変化

　パニック症の診断を受けたD子とうつ病の母親は，心理的に分離できなかった。母親の自殺を心配するD子は，不安をより強くしていた。担任と養護教諭による，登校時に迎えに行く援助や手紙での交流だけでは，母親の自殺の不安を抑えることはできなかった。医師の治療が行われ，D子の母親の自殺不安は軽減された。また，父親もD子の不安の要因について理解を示し，D子と

母親との心理的な距離の配慮ができるようであった。そして，D子は外食や夜の外出ができるようになったなど，日常生活を送る上で，一部の不安が軽減された。

母親とD子の危機回避及び援助に消極的であった担任に対して，心理的負担を軽くする援助を行うことができた。本事例を通して，コーディネーターの役割を検討する。

2) 幅広いアセスメント：直接介入によるD子と家族の把握

D子の事例では，アセスメントをするために，担任や養護教諭の状況報告だけでなく，コーディネーターが父親，母親，D子の面接を行ったことは重要であった。コーディネーターは，母子が分離できない様子から，D子と母親の問題が複雑にからみあっていることを推測し，個々に面接した。個々の面接にしたため，父親とD子は，母親の病理と母子関係をコーディネーターに話すことができたと思われる。このように，コーディネーターには，カウンセラー同様，直接介入のための資質が必要であろう。カウンセラーは，クライエントの面接を通した援助を基本とする。しかし，コーディネーターは，多様な援助資源を生かし，援助体制を整えることを目標としている。本事例では父親への直接介入によって，コーディネーターは，父親の精神健康度をアセスメントし，援助者としての資質を見いだした。母親面接では，コーディネーターは，うつ病の状態と母子が分離できない状態をアセスメントした。そして，医師の治療の必要性を確認した。援助者としてのアセスメントを行った。

D子の面接について検討する。パニック症について，山下（2004）は，苦悩を内に秘めるだけでなく周囲にも訴えるなどの特徴がみられるとしている。パニック症のD子は，コーディネーターへ素直に苦悩を話した。そして，コーディネーターは，その苦悩を受容したため，直接介入が比較的うまくいった。コーディネーターは，苦悩を受容するだけでなく心理的負担となっていることをアセスメントする必要があった。そこで，D子に対して登校の希望と母親の自殺不安の優先順位を確認した。その結果，母親の安全性の確保という援助方針を明確にできた。

コーディネーターは，生徒のニーズに則し，援助方針と援助体制を形成するために，生徒の心理的負担をアセスメントして，母親の病理と父親の健康度をアセスメントしたといえる。

3）援助者に対するアセスメント

コーディネーターによる援助者の把握は，重要であった。援助者の活用により，生徒の自助資源が生かされると考える。当初，援助に積極的だった担任と養護教諭は，D子への援助が1年3ヵ月を過ぎ疲弊していた。登校等の援助を行うがD子の状態が良くならず，さらに，援助を求められていた状態であった。特に養護教諭からは，D子と両親への援助を否定する発言がみられた。D子の心理的負担を少なくしつつ，担任と養護教諭にとって，無理のない範囲の援助を必要としていた。教師の特徴や限界をコーディネーターが配慮した結果，援助に消極的であった担任は，D子の休学後の援助をした。養護教諭は，D子の休学後，直接的に援助することはなかったが，D子の転学まで援助チームに参加した。このように，コーディネーターは，生徒のアセスメントやニーズだけでなく，キーパーソンとなる家族や教師の特徴や限界を知ることが重要である。また，コーディネーターの役割は，生徒ばかりでなく，援助にあたる家族や教師の負担の軽減にもつながるといえる。

瀬戸・石隈（2002, 2003），田村（2004）は，コーディネーターは，アセスメントから役割分担までの心理教育的援助サービスを提供するプロセスに，最も影響を与えると述べている。本事例のように複数の人々のアセスメントを実施するためには，援助チームのメンバーに，アセスメントの知識と直接介入の資質が，必要であろう。また，コーディネーターは，スクールカウンセラーを積極的に活用し助言を求めることにより，援助体制を形成できる。

4）管理職とコーディネーターの役割

石川（2008）は，学校内外において援助チームをつくる上で，管理職の協働性を高める働きは，援助チームづくりを促進すると述べている。しかし，高校相談活動において，管理職が直接外部の専門家と連携した事例は，野々村（2001），石川（2011）と本事例のみである。医師との連携は，D子と母親のために重要

であった。また，援助者にとっても重要であった。連携にあたって，学校の代表者である教頭は，校外専門家に学校の役割を質問するには適任者であった。コーディネーター参加以前にも，担任と養護教諭は管理職へ報告し，医師と連携していたが，管理職は援助チームに参加しなかった。

　管理職の援助チーム参加の背景を検討する。コーディネーターは，管理職へ生徒と家族，教師の状況を説明することにより，管理職を援助チームに参加させることができた。その理由は，コーディネーターが管理職へD子と家族ばかりでなく，教師の状況を的確に説明することができたためである。そして，コーディネーターが，管理職の援助者としての特徴を理解していたためである。

　学校の相談活動の責任者である教育相談担当教師の代表者にとって，管理職への報告は当然である。瀬戸・石隈（2003）は，スクールカウンセラーは生徒援助のための，学校組織や管理職への働きかけを苦手としている。学校組織に常勤でかかわる教師は，管理職への報告は職務であり，管理職を含む援助チームを形成しやすいといえる。そして，コーディネーターは，管理職を含む援助者としての特徴を理解することが重要である。

5）担任の変化

　教育心理士，スクールサイコロジスト，スクールソーシャルワーカーなど学校に教師以外の専門家が定着して，法律による義務が課せられている欧米とは違い，日本の学校の個別援助については，教師の判断に任されていることが多い。本書では，「困難をかかえた生徒に対して，個別に援助する教師の心の動きを，教師の援助意識」とする。教師の援助意識は，非常に重要である。個別援助を行うには，教師の援助意識は，活動の基本となる。また，淵上（2002）は，学級経営の成功失敗は，校長でなく担任のリーダーシップが重要であるとしている。学校の個別援助においては，特に，担任の役割は大きく，クラス生徒全体にも影響を与える。

　コーディネーターが，毎回のチーム会議で，援助方針をあきらかにした。父親の面接後の第2回チーム会議では，コーディネーターは，すでに医師の治療を勧めるという援助方針を具体的に示した。

母親とＤ子の面接後の第３回チーム会議では，コーディネーターは，Ｄ子の要望を満たすためにも，医師への通院を勧めるという援助方針を明確にした。また，父親という援助資源もあきらかにした。さらに，第５回チーム会議では，コーディネーターは医師との連携内容，参加者とその役割分担を提案した。
　スクールカウンセラーである半田（2005），中川（2005）は，不安定になって問題行動を起こしている生徒に対して，最後まで興味を示さなかった担任の事例を報告している。しかし，本事例のように，コーディネーターが毎回のチーム会議で，Ｄ子や両親に対しアセスメントに基づいた援助方針をあきらかにした結果，担任の援助意識は高まったといえる。さらに，コーディネーターは，チーム会議で母親のうつ病や，Ｄ子のパニック症からくる担任や養護教諭の不信に対して，コンサルテーションした。その際，コーディネーターは，「母親は総合的な判断をすることが難しくなると思います」と教師にわかる言葉で説明した。そして，医師との連携後の第６回チーム会議では，「Ｄ子は学校や担任との関係がきれると寂しいと思う」と担任へのコンサルテーションを行った。コンサルテーションは，スクールカウンセラーの専門性の高い領域である。コーディネーターによるスクールカウンセラーの活用によって，教師に援助意識を形成できるであろう。さらに，コーディネーターは，「校外専門家と役割分担」し教師の役割を明確化することが必要である。
　栗原（2006）はチーム会議の機能として「共有された情報」に基づき，「共通理解」を図り「方針形成」「役割分担」「実際の支援活動」を管理することとしている。本事例の結果から，栗原（2006）のチーム会議の機能の他に，「アセスメントと援助方針の提案」が重要であることが理解できた。そして，役割分担には，校内ばかりでなく「校内外専門家との役割分担」が，重要であることも示された。特に，高校生は精神病理の好発期である。そのため，コーディネーターが，スクールカウンセラーも含めた校内外の専門家を生かし，援助チームにアセスメントと援助方針の提案，校外専門家の特徴理解，心理的特徴のコンサルテーションという役割を持たせることは，高校相談活動では重要であろう。

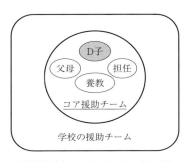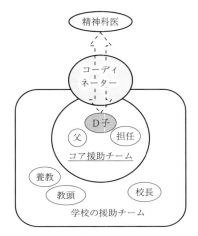

　　危機回避前（コーディネーター参加前）　　　　危機回避後（コーディネーター参加後）
　　　　　　　図4－1　コーディネーター参加前後の援助メンバー
　注：◯は，直接的・間接的に援助の主導をとったコア援助チームである。
　出所：「危機回避前」の図については，田村・石隈（2003）を筆者一部改変。「危機回避後」の図は筆者作
　　　成。

6）援助チームの変化

　石隈・山口・田村（2007）は，「保護者・担任・コーディネーター」がコア援助チームとして，直接的，間接的に子どもの援助を主導するとしている。筆者も，同様の定義を用いる。本事例の援助チームは，当初「父母・担任・養護教諭」がコア援助チームをつくり，D子の援助を行っていた。母親は援助者であった。コーディネーター参加後は「父・担任・コーディネーター」がコア援助チームとしてD子の援助の実践を行った。母親の精神病理がわかり，援助者からはずれた。

　D子のコア援助チームの変化を，図4－1に示した。

　田村・石隈（2003）は，スクールカウンセラーのコーディネーター機能により，保護者を援助者として機能させている。本事例も同様に，コーディネーターの参加により，父親はD子と母親の通院を実施し効果的な援助を行っている。医師の治療が定着してからは，担任，コーディネーターの連携のみ行われた。

これはD子の登校を通して，D子の心理面や行動面の状況を確認し大きな変化がなかったので，校内のみの連携ですんだためである。養護教諭については，援助に負担を感じ直接的な援助は行わなかった。養護教諭は，コア援助チームからはずれ，情報の共有のみ行っていた。援助チームのメンバーは，生徒や援助者の状況にあわせて適切なメンバーが加わり，援助が心の負担となるメンバーの役割が軽減されることが重要である。コーディネーターの参加によって，生徒に必要な援助チームメンバーが組まれたばかりでなく，さらに，消極的であった担任を援助の主体者とした。

　校内においては，事例の状況や援助者の事情にあわせて援助チームが流動的に組まれることが，実践的であると思われる。

　校外においては，コーディネーターはD子の母親の自殺の不安を聞き，医師による治療を勧め，タイミングをみて医師と連携した。

　そして，D子は休学中であったが担任の援助を受けることができた。コーディネーターは，校内外の個々の専門家だけではできない生徒のニーズにあった援助を，タイミングをみて行うことができた。また，適切な援助チームを組み教師の疲弊を防ぐことができた。

　生徒と母親の危機及び援助に消極的であった担任に対して，コーディネーターのかかわりにより危機を回避し，さらに，医師との役割分担によって担任は積極的に援助を行うようになった。コーディネーターの役割を通して，適切な校内外の援助チームを組み，教師の疲弊を防ぐことができた。また，コーディネーターの役割は，直接介入による生徒と援助者のアセスメント，援助者としての特徴理解，校外専門家との役割分担と援助方針の提示であることが示された。コーディネーターの役割により，教師の援助意識を高めることができた。また，コーディネーターの介入によって，医師の治療と学校と医師の連携が行われた。なお，コーディネーターが行った直接介入やアセスメントの役割は，スクールカウンセラーの活用によって分担が可能であろう。

第2節　担任が生徒にかかわろうとしない事例（自験例5）

　担任が，無断欠席を繰り返す非行傾向生徒の援助にかかわろうとしなかった事例である。生徒の援助にかかわろうとしない教師と，非行傾向生徒に対して，コーディネーターの継続したコーディネーション活動が重要であり，その活動が顕著に示された。そこで，チーム援助の過程に焦点を当てて，コーディネーターの役割を考察していくこととする。

　なお，コーディネート事例研究にあたって，プライバシーに配慮して事例の詳細については，最小限にとどめ論旨に影響のない範囲で一部改変している。また，対象事例は援助実践活動終了後に研究についての同意が得られている。

（1）事例の概要
1）事例対象者
対象生徒：高校3年生（E子）

家族構成：父（40代），母（40代），E子，妹（中学1年生）

問題の概要：万引きとその後の無断欠席

状態：両親は，E子が幼い頃から家庭内離婚状態にあった。中学校までは，比較的聞き分けのよい子どもであった。E子の成績は，やや低かった。進路希望は就職であった。E子は入学時から心身とも大きく変化した。高校の入学時は，特に問題はみられなかったが，高校1年生成績指導会議の後，万引きをした。成績指導会議とは，成績不振の生徒と保護者を対象に，管理職から指導を行う会議である。さらに，E子の無断欠席は，1年0日，2年25日，3年5月時点で15日と学年が進行するにつれ増えていった。1年生の担任は，E子に2・3年のクラスについて，問題行動の予防の意味を考え，学年で最も成績のよいクラスを勧めた。しかし，2・3年のクラスには親しい友人はなかった。E子は，学年が進行するとクラスでも家庭でも孤立していった。

見立てと方針：E子の非行の要因の一つに，学校や家庭における人間関係の

孤立があった。両親は，家庭内離婚状態で，家庭において適切な対応がされていない状態であった。そのために，思春期になり大人になるモデルが欠如していた。援助方針は，母親面接を通し心理的に安定を図る。相談室をＥ子の学校での居場所とする。学年教育相談担当教師の協力のもとに，Ｅ子の気持ちを聞きつつＥ子の人間関係が広がることを目標に置いた。そして，Ｅ子の学校生活への適応を促し，卒業を目標に置いた。さらに，担任のチーム援助参加も目標に置いた。

２）生徒指導体制と相談体制

生徒指導部の対象者は，万引きや暴力行為などの反社会的な問題や，学校のルールを守らないなどの問題をかかえた生徒である。部会は基本的には１週間に一度開かれていた。生徒指導部の対応は，家庭謹慎と反省文を毎日書くという課題を与えることであった。対象となる生徒を，生徒指導部主任や担任の判断で，生徒の問題行動の背景や状態によって，相談係会と連携しながら対応した。

３）援助の期間

Ｘ年３月（Ｅ子高校１年生　コーディネーターによる２回の母親面接で，一旦は終了する），Ｘ＋１年５月～Ｘ＋２年３月（Ｅ子高校３年生から卒業まで）

（２）事例の経過

事例の経過を３期にわけた。第１期は，Ｅ子の万引きにより母親面接を行った時期，第２期は，コーディネーション活動促進の時期，第３期は，担任が援助に積極的になった時期である。

チーム援助が促進されなかったコーディネーターによる担任への情報提供のみの活動は，チーム会議から外した。

１）第１期　Ｅ子の万引きにより母親面接を行った時期

〈Ｘ年３月〉Ｅ子が高校１年生の成績指導会議後，万引きをした。万引きという問題行動により，Ｅ子は生徒指導部の指導対象となり，家庭謹慎になった。しかし，担任が３日間家庭訪問をしたが，Ｅ子は一度も家にいなかった。担任

は，家庭謹慎中であるにもかかわらず，指導に従わないことから，E子について心理的問題も大きく，生徒指導部の家庭謹慎や反省文を書かせる指導だけでは対応できないと考え，コーディネーターに母親の話を聞いてほしいと依頼した。

　第1～2回　コーディネーターによる母親面接：X年3月

　初めての問題行動に母親は，わずかに不安を感じている様子であった。E子の家庭謹慎が解除になり，一旦母親面接は終了した。コーディネーターは，母親面接で家庭の課題が推測され相談機関を紹介したが，E子の問題であると母親は断った。

　〈X年4月〉E子は2年生になり，担任が替わった。

2）第2期　コーディネーション活動促進の時期

　E子の無断欠席は，学年が進行するにつれ増すようになった。2・3年のクラスは，学年で最も成績のよいクラスであった。2・3年のクラスには，親しい友人はなかった。別のクラスのF子は，中学3年生時の遊び仲間でE子の孤立を心配していた。しかし，2・3年の担任は，クラス経営に深くかかわらず，無断欠席を保護者に連絡しなかった。高校3年生になり母親は，担任の対応を不信に思い，コーディネーターに電話でE子の援助を依頼した。

　第3～5回　コーディネーターによる母親面接：X+1年5月

　母親は，E子の無断欠席の疑いや家族内での孤立や暴言など，E子の変化とそれに伴う不安を話した。さらに，いじめ被害の心配や担任からの欠席連絡がないことなど学校に対する苦情を言った。母親は，E子に母親面接の事実を伝えないことを希望した。コーディネーターは，母親に面接の概要を他の教師に伝えることの了解をとった。

　同時期に，E子は，友人F子に強引に相談室に連れてこられ，「何でこんなところに来なければいけないんだ」と怒鳴った。

　しかし，E子はその日テスト勉強をやり終わると，来室していた他の生徒と音楽の話をした。E子は，数日間相談室でテスト勉強をした。1学期中間考査は受けたが，その後，再び登校しなくなった。コーディネーターは，担任へ母

親の来校とE子の様子を報告した。担任は，困ったように黙って聞いた。

　コーディネーターと学年教育相談担当教師の話し合い：コーディネーターは，母親がE子を心配し来校したことを担任に伝えたが，担任の反応がないことを，学年教育相談担当教師に報告した。学年教育相談担当教師は，担任が新任のときにクラス経営上の問題を体験したために，困難をかかえた生徒の個別援助に対して躊躇している可能性があると，コーディネーターに説明した。コーディネーターは，母親面接を通し，母親の気持ちを受け止め安定させることが必要であると説明した。同時に，E子に対して，学校生活への適応を促すことも重要であると意見を述べた。また，E子は家庭でもクラスでも，孤立していることを報告した。そのことから，①E子の変化に時間がかかること，②担任はE子の援助に乗り出さない可能性があり，相談係会が中心となって援助すること，③コーディネーターは母親面接，学年教育相談担当教師は家庭訪問を行うこと，④孤立しているE子に相談室を学校での居場所とすること，⑤担任にはE子の様子と母親の来校日時は伝えること，以上を確認した。その後，学年教育相談担当教師は，時々E子の家に家庭訪問をした。

　第6～9回　コーディネーターによる母親面接：X+1年6月

　E子の無断欠席が続き，母親は「E子がいないときに家庭訪問してもしょうがない」と学校の対応に不満を述べた。しかし，母親は，しだいにE子がアルバイトやバイク免許取得を希望するようになったことなど，子どもの変化にとまどいを感じ，必死に学校の援助を求めようとした。

　〈X+1年6月下旬〉母親よりコーディネーターに，担任が考査前の家庭訪問をしたことを電話で話した。そして，E子はその不満から担任が帰った後暴れたことや，父親が無関心なことを話した。さらに，母親は「E子は今カラオケ屋にいます」と，援助の依頼をした。コーディネーターは，母親にカラオケ屋に行くように促すが，母親はE子の暴力を恐れて行かなかった。

　そこで，コーディネーターは担任を探したが，連絡がつかなかった。そのため，コーディネーターがカラオケ屋に行った。E子は，ミスターチルドレンの「イノセントワールド」を歌っていた。そして，E子は，コーディネーターを

外に連れ出し考査について話をした。具体的には，考査範囲を知らないことやノートをとっていないことを話した。コーディネーターは，E子にすぐに職員室に行きテスト範囲を聞くように勧めたが，E子は動こうとしなかった。

コーディネーターは，一度学校に戻り考査の範囲を調べ，E子に渡した。翌日，E子は考査を受けた。

第10〜13回　コーディネーターによる母親面接：X＋1年7〜10月

母親は，コーディネーターや学年教育相談担当教師の援助に感謝し，E子が幼い頃から家庭内離婚状態の中で育ったという家族の問題や対応を顧みた。

コーディネーターは，担任へE子の状況を説明した。しかし，担任は，E子へ最低限の連絡はしたが，援助はしなかった。

コーディネーターが相談室で父親の話を聞くと，E子は話をそらした。履歴書の提出をコーディネーターから再三促されて，E子は他の生徒より1ヵ月遅れで提出した。E子は，コーディネーターに履歴書の指導の礼を言った。

コーディネーターは，母親の様子と来校日やE子の様子を，毎回担任に伝えた。しかし，担任からの反応はなく，コーディネーターを避けるような行動がみられた。

〈X＋1年9月〉E子は就職試験の失敗と，受験に際して新しい下着の購入を母親に求め，事情を知らない父親に殴られたこと，その姿をみて妹が泣き始めたことを話した。さらに，中学時代に父親を「ウジ虫」と呼んでいたことを言い，しだいに家族の様子を話すようになった。

しかし，クラスでは友人関係はできず，無断欠席が繰り返された。

第14〜15回　コーディネーターによる母親面接：X＋1年11月

母親は，初めて担任に会うことを希望した。コーディネーターは，担任に母親の来校日時を伝えてあったが，担任は不在であった。

コーディネーターは，E子に学校の近況を書いた手紙を送った。E子はコーディネーターに「変な手紙をよこさんで」と登校して言った。E子は，登校したときはF子と一緒に帰るために相談室で待っていた。しだいに，相談室に自分の好きなCDを持ってきて，音楽を聴くようになった。学年教育相談担当

教師は，E子の姿を見守りながら，登校を促し学校生活の指導をした。E子は「次からは授業に出席する」と繰り返し述べた。

　コーディネーターと学年教育相談担当教師の話し合い：学年教育相談担当教師より，担任による援助は期待されないが，E子のために，状況は説明し続けた方がよいと意見が述べられた。コーディネーターは，E子のクラスでの孤立の要因を，遅刻や無断欠席を繰り返すためであるとし，また，クラスメートがE子を嫌がっていることと，E子からの働きかけがないことも関係していると説明した。また，E子は家庭でもだれともかかわらないことを述べた。コーディネーターは，言葉数が少ないE子であったが相談室で話しかけられたら，コーディネーターと学年教育相談担当教師がしっかり受け止めることを提案し，学年教育相談担当教師は了解した。

3）第3期　担任が援助に積極的になった時期
　〈X＋1年12月〉F子が，コンピューター室で音楽を聴いているE子を見つけ，成績指導会議に行くように言った。いたたまれなくなったE子は部屋から出ていき，通りかかった非行グループにF子の悪口を言った。F子はサポートし続けたことを否定された気持ちになったが，結局E子は謝った。E子は30分遅れで成績指導会議に入室した。

　第1回　コーディネーター・担任による母親面接：X＋1年12月
　母親は，成績指導会議におけるE子の横柄さに驚いたことを話した。そして，今までは自分の部屋で食事をしていたE子が，家族と食事をしていることを話した。コーディネーターが担任を呼びに行くと，担任は来室した。担任は成績指導会議の遅刻理由について「E子はいつものように嘘を言っている」と否定的な発言をした。コーディネーターは「1年生のときは万引き，2年生のときは成績指導会議欠席，しかし，今はルールを守ろうと成長しているのでは」と，E子の変化を説明した。

　E子は，授業後毎日相談室にCDを持ってきて音楽を聴いた。一緒に音楽を聴いた相手はF子やおとなしい生徒，下級生の女子であった。

　クラスでは，リーダー格の生徒たちが音楽を聴いていた。その後，E子は担

任に相談するようになり，担任もE子に応えた。

　コーディネーターと学年教育相談担当教師の話し合い：コーディネーターは，担任が母親に会ったことを報告した。コーディネーターと学年教育相談担当教師は，E子が相談室での会話がふえたことなど少しずつ変化していることを確認した。

　コーディネーターは，担任にE子が相談室ではグループで音楽を聴いたり，グループ学習に参加したりするようになったことを報告した。担任はE子からクラスメートにかかわるようになったことを話した。

　第2〜5回　コーディネーター・担任による母親面接：X+2年1月

　担任が同席するようになった。担任は，大勢の前では罵声を発するE子だが，1対1で対応すると素直になることを説明した。そして，様子をみてE子に対応していることを話した。また，今ではE子から人とかかわろうとしていると，変化を説明した。そして，担任は，積極的に母親へ対応するようになった。母親はE子の様子をみて対応してくれる先生方に感謝を述べた。さらに，母親は，E子を甘やかしてきたことを反省し，最低限のことはやらせないといけないと反省を述べた。

　職員室でE子が学習指導をきちんと受けたことなど，E子が変わったことが話題になった。

　第6〜10回　コーディネーター・担任による母親面接：X+2年2月

　担任より，E子への個別援助の自信と意欲が話された。担任から「補習教科の先生とE子が合わないので，私がやります。E子は厳しくても彼女の言い分をきちんと聞く先生とは，関係が持てるようです」と申し出があった。母親は，担任と向き合い，学習も行うようになったE子に対して安堵した。そして，担任は初めて卒業生を送りだす喜びを話した。

　E子は，追認試験も合格した。さらに，担任や進路部のE子への積極的な働きかけにより，就職が決まった。

　第11・12回　コーディネーター・担任による母親面接：X+2年3月

　コーディネーターは，母親へ卒業後の援助のために，家庭教育についての専

門機関を紹介するが，新しい職場での様子をみて判断すると答えた。

面接終了後，母親と校長が話し，校長は母親に「E子の後ろ姿が1学期と変わった」と伝えた。

（3）事例の考察
1）E子の変化
E子は，高校に入り，心理面で青年期の再構築の不安定な時期になり，心も身体も大きく変化していく。クラスでの孤立をきっかけに，E子は，家庭の不和・学校での不安・成長への不安という現実から，音楽の世界に逃避して行く。それまでは，母親が，気持ちを受け止める役や生活の適応を促す役をこなしていたが，不安定なE子は暴力的な行為により，家庭内の唯一の話し相手である母親を遠ざけてしまう。E子には，両親が不仲のため大人のモデルがなかったのではなかろうか。E子は，筆者に対して，しだいに家族の様子を話し，自分の感情を言語化するようになった。福島（1995）は，今後の非行問題の傾向として，他者への無関心と自己中心性が育つとしている。E子にとって，他者への無関心と自己中心性からの脱却には，人とのかかわりは重要であったといえる。つまり，教師集団の気持ちを受け止める援助により，E子は素直に自分の気持ちが言えるようになり，そのようなE子の変化に伴い，担任やクラスの生徒にも変化が生じ，E子との関係がつくられるようになったのである。

担任が生徒の援助にかかわろうとしない，非行傾向生徒の事例における，コンサルテーションやチーム援助の経過を述べてきた。これらから，コーディネーターの役割を検討する。

2）援助に興味を示さない担任と暴力を恐れる母親
コーディネーターの役割は，援助目標を立て各援助者に役割分担とコンサルテーションをし，援助体制を形成することである。コーディネーターは，E子の援助を行おうとしない担任や暴力を恐れる母親，動こうとしないE子に対して，コーディネーターとしての本来の役割を超えて援助を行った。具体的には，コーディネーターはE子に履歴書の指導を行っているが，本来は担任が

すべきである。また，コーディネーターがカラオケ屋に行ったことは，本来は母親がすべきであるし，欠席を繰り返すＥ子へ手紙を書いたり，考査の範囲を調べＥ子に渡したりすることなどは，やはり担任がすべきことであろう。コーディネーターは，原則として，各援助者や生徒の意思決定を尊重し，成熟を促すことを前提に援助する。とはいえ，万一生徒の卒業や就職に不利になる場合，学校教育の意義を理解し，卒業や就職のためとなる援助を行うことも重要ではなかろうか。このように，学校相談活動は「各援助者や生徒の意思決定を尊重したり，成熟を促すという目標」と「卒業や進路実現という学校教育の目標」の双方を視野に入れて実践していくことが課題である。この二つの目標を意識しながら援助するためには，コーディネーターの援助行動について相当な意識化が重要となる。コーディネーターが各援助者の役割を超えることは，役割の混乱につながるだけでなく，一歩間違えば，各援助者や生徒に，コーディネーターへの依存を高めてしまう。したがって，コーディネーターは，各援助者や生徒の特徴や状況などを踏まえ，役割を超えることの意味を吟味しながら援助することが大切である。援助者の役割を超えるかどうかのコーディネーターの判断基準は，「生徒の意思を尊重し人生の重大な課題の有無」と考える。例えば，生徒が自殺未遂をするような場合，本来の援助者が動かなければ，コーディネーターは役割を超えた動きになるであろう。本事例では，Ｅ子は卒業や就職をしたいのである。そして，卒業や就職は高校３年の生徒にとっては人生の重大な課題である。卒業と就職というタイミングを失うと大きな問題をかかえることになる。コーディネーターは，生徒の意思すなわち深いニーズを判断し，人生における課題の意味を考え，援助者が動かなければならないそのタイミングのみ役割を超えるのである。

　さらに，本事例の場合，チーム援助の困難性として，母親をＥ子の１，３年生時とも校外専門家へ引き継ぐことができなかったことが挙げられる。コーディネーターの介入が遅く，母親の学校への不信が強く，コーディネーターによる母親の問題意識形成に時間がかかったためであると思われる。保護者を校外専門家へ引き継ぐことの難しさが示された。

第4章　困難実践事例におけるコーディネーターの役割

3）担任の変化

　新任時のクラス経営の失敗という問題が，担任にE子への個別援助を躊躇させていると考えられた。そして，第1回コーディネーターと担任による母親面接で，担任は「いつものように嘘を言っている」とE子を突き放すような言葉を発した。その際，コーディネーターは「E子がグループ学習に参加するようになった」とE子の変化を肯定的に伝えている。その後，コーディネーターによる生徒の視点を参考に，担任もE子の変化をみるようになり，肯定的に捉えることができるようになっていった。さらに，「E子は厳しくても彼女の言い分をきちんと聞く先生とは，関係が持てるようです」と，E子の気持ちを受け止めることの重要性に気づいていった。担任がE子を肯定的に捉えることができたのは，コーディネーターの「生徒を援助者と継続してつなぐこと」と「担任を連携に誘うコーディネーション活動」があったからこそである。コーディネーターの継続したコーディネーション活動により，困難をかかえた生徒に対して躊躇のあった担任は初めて向き合うことができたのである。

4）非行生徒に対する学校相談活動における継続したコーディネーション活動の意義

　学校教育の一つの目標は，卒業である。就職希望者に対しては，生活設計の見通しをつけることのできる社会人として送りだすことが目標である。コーディネーターと学年教育相談担当教師は，卒業することを目標に学校生活への適応を考慮しつつ，学校での居場所をつくり，日常生活の援助も行った。また，担任は当初援助に対して前向きではなかった。しかし，担任を援助チームに参加させることを主に置くと，本来の目標であるE子の卒業という目標を見失う可能性がある。チーム会議では，E子のアセスメントの他，担任のE子に対する指導を考慮して，コーディネート方針を話し合った。担任の援助は，当面期待できないというものであった。コーディネート方針は，担任を援助チームに参加させることを長期的な目標とした。そのために，「生徒の気持ちに寄り添いながら卒業を目標にすること」と同時に，「継続した連携のコーディネーション活動の姿勢」は崩さなかった。

継続したコーディネーション活動の結果，かかわろうとしない担任を，援助者とした。E子の気持ちを受け止める心理面の援助は，コーディネーターと学年教育相談担当教師に加え，参加には時間を要したが担任も行った。補習教科の指導や就職活動等学習面と進路面の援助は，担任と進路部が協力して行った。このように，それぞれの得意な分野で，各教師の判断で援助を行ったのである。中西（2007）は，それぞれの専門家が得意な分野で判断し機能する組織を，「高信頼性組織」と定義している。したがって，コーディネーターの役割は，教師という専門家の高信頼性組織を形成し，その結果，生徒に適切な援助が行えるものと考える。

文部科学省（2009a）は，現在教師の休職者の61.9％が精神疾患であり，その理由には，子どもや保護者との人間関係のストレスがあると報告している。コーディネーターの形成した援助体制は，教師が得意な分野で援助を行うため，教師の疲弊を防ぐことができるのではなかろうか。ここに，学校教育におけるコーディネーターの存在する意義を，見いだすことができる。スクールカウンセラーの半田（2005）・中川（2005）は，担任が生徒の援助に興味を示さない場合，担任以外の援助資源を活用して援助を行った。本事例では，継続したコーディネーション活動の結果，担任以外の援助資源の活用にとどまらず，担任が自主的に他の教科の補習まで行うようになった。このような背景には，コーディネーターの積極的な継続したコーディネーション活動が，有効に働いたと考える。

さらに，E子の援助チームの活動を検討する。藤掛（1994）・生島（1997）・村松（2005）は，非行少年は，孤立して問題をより深刻化してしまうことを論じている。また，植山（2008）は「問題なのは，非行生徒をサポートしてくれる人がいるかどうかである」と述べている。非行生徒にとって，援助者の存在は重要である。コーディネーターは，就職試験に落ち無断欠席を繰り返すE子に対して手紙を書いた。そして，E子は登校し「変な手紙よこさんで」と言った。コーディネーターは，孤立しやすいE子を援助者がいる学校へと継続してつなぎ，人間関係の成熟を待った。さらに，コーディネーターと学年教育相談担当教師，時間を要したが担任がE子の気持ちを受け止めた。学年教育相

談担当教師は，E子を見守りながら，生活の適応を促す援助を担った。そして，担任が行った学習・就職指導を通して，E子は目標を持ち，その目標達成に向け努力した。

　このように，学校における非行生徒の援助は，「生徒と援助者をつなぐ援助」「気持ちを受け止める援助」「生活の適応を促す教育的援助」が必要であることがあきらかになったといえよう。つまり，コーディネーターによる担任への継続したコーディネーション活動と，E子と各援助者をつなぐコーディネーション活動の両方があったからこそ，非行生徒の対応に必要な多様な援助を生み出すことができたのである。

　コーディネーターは，生徒の卒業を目標に援助した。そして，担任と生徒への継続したコーディネーション活動を行った。コーディネーション活動の特徴は，①教育相談担当教師と協働し，生徒の気持ちを聞きつつ学校生活の適応を図る，②担任と連携を図り，生徒の変化を伝える，③母親面接を行い心理的安定を促すことである。その結果，当初，援助にかかわらなかった担任も，自分の得意な分野で援助を行うようになった。生徒は，卒業や就職に向け動き出すようになった。また，コーディネーターによって，それぞれの教師が得意な分野で援助を行うことが示唆された。

第5章
コーディネート実践事例に関する総合的考察

　コーディネート事例として，第3章第2節から第4節で円滑事例（自験例1～3）を検討し，第4章第1節，第2節で困難事例（自験例4・5）を検討してきた。その中でも特に，自験例1では，継続したコーディネーション活動，自験例2では，生徒のアセスメントとニーズの把握と校外専門家への引き継ぎ，各専門家へのタイミングのあった情報提供，自験例3では，チーム援助における個人情報の取り扱い，校外専門家の特徴理解，自験例4では，生徒と援助者のアセスメント，適切な校外専門家との援助チームを組むことにより担任の援助意識を高める可能性，自験例5では，積極的に担任と連携を図り，生徒の変化を伝える継続したコーディネーション活動などが，コーディネーターの果たした役割として顕著に示された。

　そこで，本章では，これらの事例を比較検討しながらコーディネーターの役割を考察する。第1節では，コーディネーターが形成した援助体制，第2節では，高校相談活動におけるコーディネーターの意義を検討する。第3節では，高校相談活動におけるコーディネーターの役割をまとめる。

第1節　コーディネーターが形成した援助体制

　本書では「コーディネーターは，生徒のニーズにあった援助を目的に，援助チームを形成促進し，援助が的確なものになるように統合する者」と定義した。援助が的確になるようにコーディネーターが，どのような援助チームを形成したか検討する。

　表5-1に，自験例1～5において困難をかかえた生徒を援助するために

表5-1　コーディネーターが形成した個別的援助体制

自験例	事例内容	生徒への個別的援助体制	保護者への援助体制
1	発達障がい，いじめ被害，不登校	特別支援担任の経験をしたことがあるカウンセラー（心理面接と医師への引き継ぎ） 児童精神科医（障がい告知と社会性を身につける訓練） 担任（学習進路指導）	特別支援担任の経験をしたことがあるカウンセラー（心理面接）
2	失恋，夜遊び，不登校	学校や家庭教育の問題を専門としているカウンセラー（心理面接）	学校や家庭教育の問題を専門としているカウンセラー（心理面接）
3	自傷行為，自殺未遂，母親に心情が受け入れられない	学校教育に詳しいカウンセラー（学校の危機支援におけるコンサルテーション） 担任（進路目標を持たせ，進路指導） 養護教諭（心情を受け止める役割）	
4	パニック症，母親の自殺の不安，不登校	精神科医（パニック症の治療） 担任（情緒的つながり・進路指導）	精神科医（うつ病の治療と自殺予防）
5	万引き，無断欠席，不登校	学年教育相談担当教師（心情を受け止める役割・生活の適応を促す援助） 担任（時間がかかったが学習・進路指導）	

注：（　）は具体的援助。
出所：筆者作成。

コーディネーターが形成した個別的援助体制を示した。高校生は，石隈（1999）が述べているように，障がいの有無にかかわらず問題が深刻化する傾向がある。したがって，教師だけでは対応が困難な場合が多く，校外専門家の援助が必要である。そのため，コーディネーターは，生徒の問題に適した援助体制を形成した。福田（2008）は，教育支援のための教育心理臨床連携ネットワークづくりを提唱している。教育心理臨床連携ネットワークづくりとは，学校の生徒のニーズや方向性を明確にし，より生徒の問題に専門的個別的な支援を学校外の専門家に委託して連携していくことである。本書では，教育心理臨床連携ネットワークの校外専門家だけではなく，校内専門家も含めて個別的援助体制とした。生徒の発達には，学習面進路面の専門家である教師も必要であり，教師を含む校内外専門家の援助体制が切要であると考えたからである。

　コーディネーターは，生徒のニーズや問題に適した個別的援助体制を形成し

た。具体的には，自験例1では，発達障がいの疑いのある不登校生徒に対して，特別支援担任の経験をしたことがあるカウンセラーと児童精神科医，担任，自験例2では，失恋や夜遊びが原因となっている不登校生徒に対して，学校や家庭教育の問題を専門としているカウンセラー，自験例3では，学校と母親とが連携できず自傷行為，自殺未遂した生徒に対して，学校教育に詳しいカウンセラーと担任・養護教諭による援助体制を整えた。自験例4では，パニック症，母親の自殺の不安からの不登校生徒に対して，精神科医と担任，自験例5では，非行傾向生徒に対して，学年教育相談担当教師と担任，という援助体制を整えた。そして，自験例1，2，4では，コーディネーターが校外専門家と継続して連携した。また，自験例3は，キーパーソンである養護教諭が校外専門家と継続して連携した。各専門家は，コーディネーターやキーパーソンによって援助を促進することができた。

　困難をかかえた生徒に対して，保護者の問題も影響する場合がある。困難をかかえた生徒の背景には，保護者の養育者としての機能低下の問題があった。コーディネーターは，生徒ばかりでなく保護者に対しても，校外専門家に役割分担することによって養育機能を補った。

　具体的に，コーディネーターが，保護者に対して整えた援助体制を検討する。自験例1では，コーディネーターは，精神病理の疑いがある母親に対して，カウンセラーに援助を依頼した。生徒とともに母親は，カウンセラーの援助を受けるようになった。自験例2では，養育に自信をなくしている母親を，家庭教育を専門としているカウンセラーに引き継いだ。自験例4では，うつ病の母親に精神科医の再治療を促し，危機回避を行った。また，自験例3，5では，保護者の校外専門家への引き継ぎが難しかったため，コーディネーターは，保護者の機能に代わるものを，教師に役割分担した。具体的には，自験例3では，担任や養護教諭，自験例5では，学年教育相談担当教師に心情を受け止める役割や生活の適応を促す役割を分担した。田村・石隈（2003）は，養育者としての役割を発揮できない保護者の場合，代理者が必要であると述べている。保護者の養育機能は，本来は，学校教育の対象ではない。しかし，生徒にとって，

保護者の養育機能は心理・社会面，学習面において成長の基盤である。校外専門家に引き継ぐこと，または，教師への役割分担をすることによって，結果として，コーディネーターは困難をかかえ心理的に揺れている生徒を，校内外の専門家の援助を通して支え守ったのである。
　さらに，個別的援助体制形成は，担任への援助となった。欧米の特別なニーズ教育のように，困難をかかえた生徒の援助実施についての罰則が法律で定められていない日本の学校では，困難をかかえた生徒への教師の自主的な援助意識は重要である。円滑自験例1，2，3の担任と養護教諭は，積極的に援助を行った。そして，援助後自験例1の担任は「（A男の）論文には過去のことが多く書いてあるが，将来の希望も書くように指導している。次には確実に文章が直され，良くなっている。会っていて楽しい」と述べた。自験例3の養護教諭は，卒業後もC男と交流した。このように，担任と養護教諭は，困難をかかえた生徒の個別援助に対する充実感をあきらかにした。
　一方，援助意識が低かった困難自験例4の担任は，父親へ「手紙をよこさないでほしい，緊急時以外担任や養護教諭に電話をかけないでほしい」と言い，学校に置いてあったD子の勉強道具を返している。同様に自験例5の担任は，生徒の無断欠席を保護者に伝えないばかりか，保護者に会おうとしなかった。困難をかかえた生徒に興味を示さない担任については，スクールカウンセラーである半田（2005），中川（2005）も報告している。半田（2005）は，不登校生徒の援助を依頼した担任自身が援助に興味を示さないため，生徒自身の内的資源を活用し援助をした。中川（2005）は，いじめを訴えてきた生徒の援助に担任が対応せず，担任以外の援助資源を活用した。しかし，本章のコーディネーターによる援助の結果は，半田（2005），中川（2005）の援助後の報告とは異なる。自験例4では，担任は援助意識を高め，休学後も援助にあたった。同様に自験例5では，担任は援助意識を高め，「補習教科の先生とE子が合わないので，私がやります。E子は厳しくても彼女の言い分をきちんと聞く先生とは，関係が持てるようです」と述べるようになった。
　このようにコーディネーターが形成した個別的援助体制と教師へのコンサル

テーションによって，担任は生徒への理解を深め，援助に対する抵抗がなくなり担任の得意な分野で援助が行われた。このことは，学校内外には多くの専門家の資源があり個別的援助体制を整えることによって，担任の特質を生かした生徒援助を行える可能性があることを示している。

　コーディネーターが形成した個別的援助体制により，校内外の各専門家が得意の分野で援助にあたった。その結果，困難や危機の状態の生徒に対して各専門家が得意の分野で対応でき，学校が高信頼性組織（中西，2007）としての条件の一つを満たしていることが示された。自験例1では，特別支援担任の経験をしたことがあるカウンセラーの二次障がいに対する援助，児童精神科医の障がい告知，健康面と社会性を促す面接が行われた。そして，生徒の退学後であったが，担任の学習指導が行われた。結果として，A男は希望を持って転学した。自験例2においては，養育の問題を父親と母親に理解してもらうために，コーディネーターは校内での役割分担をし，父親と母親に養育の問題をあきらかにした。そして，母親とB男を校外専門家に引き継ぎ，カウンセラーが養育機能の援助を行った。その後，生徒は進路目標をめざすために，生活のリズムを整えることができ，大学進学した。自験例3では，コーディネーターは，自殺未遂の報告を受けた直後に，養護教諭とカウンセラーの連携を図り，カウンセラーのコンサルテーションを受け，養護教諭はC男の心情を受け止める役，担任はC男に目標を持たせる役を果たした。そして，C男は希望の大学に進学した。自験例4では，コーディネーターは，母子の治療を，精神科医へ役割分担し，担任はD子の交流と学習指導を行った。そして，生徒は転学した。自験例5においては，コーディネーターは非行生徒E子の心情を受け止める役，学年教育相談担当教師は，生活の適応を促す教育的機能を担った。そして，援助に時間がかかったが，担任は援助チームに参加し，学習進路指導を行った。そして，E子は卒業し社会人として働いている。

第2節　高校相談活動におけるコーディネーターの意義

　コーディネーターは，校内外専門家が個々ではできない生徒のニーズにあった援助を，タイミングをみて行うことができた。そして，コーディネーターが形成した援助組織は，各専門家が得意な分野で役割を果たす組織となった。つまり，コーディネーターの役割は，困難をかかえた生徒のいる高校で，心理・社会面，健康面の専門家の援助と，学習面，進路面の教師専門家による援助を統合し，発達や教育を促す特別なニーズ教育を促進させることが示唆された。全ての事例において，担任や他の教師は学習面，進路面の援助を行った。表5－2に，困難をかかえた生徒への各専門家の援助を示した。自験例1，3，4では精神科医は，健康面の援助を行った。自験例1，2では，カウンセラーは心理・社会面の援助を行った。カウンセラーにつなげなかった自験例3，4，5においては，養護教諭，学年教育相談担当教師かコーディネーターが心理・社会面の援助を行った。教師は，学習面や進路面の専門家であり，生徒の心理面や健康面の訓練は受けていない。しかし，心理面や健康面の援助や助言があれば，教師はそれを参考に自分の専門領域である学習面，進路面に生かすことができるのである。

　学校を援助する多様な専門家が配置されているアメリカと比較して，鵜養(2001)は，日本の学校の状況について，文部科学省が教員研修を重ね，いくつもの役割を教師に負担させているとしている。このことから，コーディネーターは，困難をかかえた生徒の援助にあたって，各専門家に役割分担する必要があるといえる。そのことによって，教師が自分の専門性の高い分野に専念できる状況をつくりだす。各専門家が得意な分野で役割を果たす組織は，教師の疲弊を防ぎ，教師の自己効力感を高めるだろうし，生徒にとっても適切な専門家に援助を受けることができる。さらに，何らかの理由で養育機能が低くなっている保護者に対して，コーディネーターの働きかけにより，専門家の協力を得ることが可能となる。ここに，学校教育におけるコーディネーターの役割が

第5章 コーディネート実践事例に関する総合的考察

表5-2 困難をかかえた生徒への各専門家の援助

自験例	事例内容	心理・社会面	健康面	学習面	進路面
1	発達障がい,いじめ被害,不登校	カウンセラー	児童精神科医	担任	担任
2	失恋,夜遊び,不登校	カウンセラー		担任 教師集団	担任
3	自傷行為,自殺未遂,母親に心情が受け入れられない	養護教諭	精神科医	担任 教師集団	担任
4	パニック症,母親の自殺の不安,不登校	コーディネーター 担任 養護教諭	精神科医	担任	担任
5	万引き,無断欠席,不登校	コーディネーター 学年教育相談担当教師		担任 教師集団	担任 進路主任

出所：筆者作成。

ある。

このようにコーディネーターは，学校相談活動における校内外専門家の活用という役割を担う。現在，学校相談活動の専門家として，スクールカウンセラーが配置されている。しかし，多くのスクールカウンセラーは，臨床心理士として心理療法を中心に訓練を受けてはいるが，コーディネーターとしての訓練は受けていない。教師以外の専門家が少ない日本の学校において，学校外の専門家を生かすコーディネーターの役割は，欧米の学校に比べ，より必要性が高く重要といえる。

また，今日の日本において学校内外には多様な援助資源がある。日本の学校は，欧米の高校と違いスクールソーシャルワーカー，スクールカウンセラー等の校内の配置率は低いが，担任のほかには，副担任，学年主任，部活顧問，養護教諭，生徒指導部主任などの教師を中心とした援助資源となる専門家がいる。校外においては，精神科医などの医療職，家庭裁判所調査官や警察官などの司法職，ほかに心理職，福祉職などの専門家がいる。また，発達支援センター，自殺予防センターなどの専門的な施設の設置も進み始めている。コーディネーターによって，困難をかかえた生徒の様々な問題に校内外専門家による対処が可能となる。したがって，日本の学校がかかえている課題，すなわち，教師以

外の専門家による援助の不足,養育機能が低い保護者への対応,そして教師の疲弊予防に,コーディネーターの存在が貢献できる可能性があると思われる。

第3節　高校相談活動におけるコーディネーターの役割

　第1節では,コーディネーターの形成した援助体制の特徴を示した。その上で,第2節では,コーディネーターの意義を示した。このように各専門家の援助を生かすためにはコーディネーターが重要な機能を担っている。自験例をもとに,援助体制を形成する役割,援助チームの機能を促進する役割,援助過程の留意点の3つの観点から,コーディネーターの役割を考察する。
　まず,援助体制を形成し,コーディネート方針を立てる上での基本として,（1）生徒の正確なアセスメントとニーズの把握,（2）援助者（保護者・担任等）のアセスメント,（3）校内外専門家の特徴理解,（4）保護者の校外専門家への引き継ぎが挙げられる。

（1）生徒の正確なアセスメントとニーズの把握

　生徒の正確なアセスメントとニーズの把握は,援助体制を形成する基本となる。
　自験例1では,コーディネーターはA男の話し方,入学時のテスト結果から自閉症スペクトラム障がいを疑った。さらに,担任によるA男のいじめられ経験の情報により,二次障がいについてのアセスメントを行いコーディネート方針を立てた。そして,校外専門家によるA男の登校意欲の報告は,コーディネート方針を進める転換点だった。自験例3では,養護教諭や担任の話から,C男の自傷行為をなんとかやめさせたいという気持ちに基づき,母子関係のアセスメントを行い,各役割を教師に分担した。自験例2では,コーディネーターの直接介入により,B男の問題行動と,それに対する保護者の対応から,養育の問題のアセスメントを行った。そして,B男の「勉強してわかるようになって進級した方がいいのか,このまま進級した方がいいのか考えている。学

校を辞めることも考えたが，それはやめた」という言葉から，高校に在籍し大学進学したいというニーズを理解し，コーディネート方針を立てた。自験例4では，コーディネーターのD子への直接介入により，母親のうつ病の状態とD子の不安についてアセスメントを行った。さらにD子に確認の意味で優先順位をつけてもらい，母親の安全確保のコーディネート方針を立てた。自験例5では，コーディネーターの直接介入により，母親面接中に語られた言葉から，保護者の養育の問題についてアセスメントを行った。そして，E子の考査範囲を知りたい気持ちや履歴書の指導のお礼から，E子の卒業し就職したい気持ちを理解し，コーディネート方針を立てた。

　自験例1，3では，学校にある生活情報や教師からの情報から，また，自験例2，4，5では，直接介入による面接によって，生徒の状態についてアセスメントを行い，ニーズを把握することができた。

　このように，コーディネーターは幅広い情報からできるだけ正確なアセスメントを行い，生徒のニーズを把握し，校内外専門家をも含めたコーディネート方針を立てることが必要であろう。学校には生活情報が多く，テストの結果，教師と困難をかかえた生徒の雑談など，様々な場面でアセスメントやニーズの把握を行うことが可能である。

(2) 援助者（保護者・担任等）のアセスメント

　コーディネーターにとって，生徒のアセスメントばかりでなく，援助者をアセスメントすることも重要である。援助者の活用により，生徒の自助資源が生かせると考えられる。

　両親や教師の援助者としてのアセスメントの問題が顕著に現れた自験例4を中心に検討する。父親，母親，D子それぞれとの面接によって，母親のうつ病の発症，母親の現在の自殺の可能性についてアセスメントを行った。さらに，父親の精神健康度をアセスメントしてキーパーソンの資質を見いだした。また，担任と養護教諭は，D子への援助を1年以上続けていたため，かなり疲弊していた。特に養護教諭からは，D子と両親の援助を拒否する発言がみられた。教

師の特徴や限界をコーディネーターが配慮した結果，援助に消極的であった担任は，D子の休学後の援助ができるようになった。養護教諭は，D子の休学後，直接的に援助することはなかったが，D子の転学まで援助チームに参加した。さらに，コーディネーターは，援助者としての管理職の特徴を把握し，医師との連携を依頼した。そして，管理職は医師に学校の援助について質問した。自験例3では，自殺未遂をしたC男の母親とは連携できず，養護教諭や担任の援助者としての特徴を生かして役割分担した。養護教諭はC男の心情を受け止める役，担任は目標を持たせる役のキーパーソンとした。

このように，キーパーソンとなる保護者や教師の援助者としての特徴や限界を知ることが重要である。自験例4において母親の自殺不安は，生徒の不安を高めているという，保護者の養育機能に関したアセスメントは，生徒を守るためにも重要である。また，教師に対するアセスメントは，教師が得意な分野の援助を行うというコーディネート方針を立てるための大切な機能といってよいであろう。

コーディネーターが，教師のアセスメントを行うためには，学校の実態や教師の特徴を理解する必要がある。教育相談担当教師は，学校の事情に精通しているため，アセスメントの専門性を身につけることによりコーディネーターとして機能することが可能となる。さらに，生徒・援助者のアセスメントはコーディネート方針の基盤となるため，生活情報からのアセスメントが重要となる。

（3）校内外専門家の特徴理解

コーディネーターは各専門家と連携することが必要である。そのためにも，校内外専門家それぞれの特徴を理解しておくことが重要である。

自験例1，2，3，4では，コーディネーターは適切な校内外専門家を選んだ。自験例1では，特別支援教育の経験のあるカウンセラーを選んだ。児童精神科医について，コーディネーターは，複数の児童精神科医のいる病院の一覧を作成し，その結果母親が通院している病院を選んだ。自験例2では，家庭教育の問題を専門としているカウンセラーを選んだ。

特に自験例3では、生徒の家庭と学校が連携できないため、自殺未遂の治療にあたった医師と連携できない状態であった。その代わり、コーディネーターは、福祉現場の実務経験が長く、学校教育に詳しいカウンセラーを学校に紹介した。このような校外専門家であるカウンセラーのコンサルテーションは、良質のサービスの提供と教師の安定を図る上で効果的であったと思われる。キーパーソンである養護教諭は「交換ノートがこれでよかったか不安だったがカウンセラーに『いいんじゃないですか』と言われると安心できた」と述べている。また、母親と学校との関係づくりは最後までできなかったが、「早退のときなど母親が迎えにきたときそれとなく関係をつける」などの無理のないコンサルテーションは、学校の組織がわかっているカウンセラーであるからこそ、キーパーソンの安定につながったと思われる。さらに、「一人にさせない」というアドバイスはC男を守る上でも教師にチーム援助の大切さを示した。

このように、援助資源を活用するためコーディネーターが、多様な専門家の特徴を理解することは重要であった。生徒の自殺未遂という重大な事例に対しても、コーディネーターは、学校教育に詳しい専門家の活用という援助体制をとった。吉川（1999）は、学校臨床についてシステム論に基づく考え方が相互作用を扱うものである以上、難易度の差はなく、視野の広さがあるのみであると述べている。コーディネーターにとって、多様な専門家の特徴を理解することは、多様な事例において援助体制を組むことができるようになり、援助の幅を広げることになる。そのことは、困難の有無にかかわらず生徒にとって、学校が安心して学習できる場に近づくことになるのである。

ただし、保護者にしてみれば、専門家を紹介されたことで見捨てられたという不安を持つ場合もある。コーディネーターや教師を信頼して、保護者は隠しておきたかった家族や自分の病理や困難さを話す。そのようなときに、見捨てられ不安を防ぐために、コーディネーターは、保護者に専門家の特徴を説明する必要がある。

村瀬（2008）は「コラボレートしようとする専門家（非専門家も含む）や機関について、熟知し信頼できるように平素から種々の出会いを大切に積み重ねて

いる」としている。欧米の学校では，学校が利用しやすいように校内外に多様な専門家が配置されている。しかし，日本のコーディネーターは自ら校外専門家のネットワークをつくらなければならない。校長をはじめ教師も含む校内外専門家の特徴を理解することは，コーディネーターの専門性といってよいだろう。

（4）保護者の校外専門家への引き継ぎ

学校において，困難をかかえた生徒に，校外専門家の援助を受けられるようにするためには，保護者の理解が重要となる。保護者の理解を得ることができなければ，校外専門家の紹介は，「学校は子どもを問題児，障がい者扱いした」というトラブルをまねくことになる。

保護者を校外専門家に引き継ぐために，自験例1，2，4では，援助者が生徒・保護者の困難さを受け止める必要性があった。その上で，生徒や保護者のニーズにそって，コーディネーターは保護者の問題意識の形成をした。そして，校外専門家の援助の説明を行った。

具体的には，自験例2では，学校に不信を持っている母親に対して，校外専門家の引き継ぎの問題が顕著に示された。青年期の生徒にとって，失恋は自分を失うほどの苦しみを持っている。コーディネーターは，B男の女子生徒の喪失と先輩の恫喝の不安を受け止めた。感情を受け止めたことがB男とコーディネーターの信頼関係を深め，母親とB男を校外専門家に引き継ぐきっかけとなった。さらに，B男の不登校の要因の一つである，家庭の養育機能の問題を保護者にあきらかにする必要があった。また，不信を取り除き，母親と学校が信頼関係でつながることが，B男が今後の学校生活をする上で重要であった。そのために，コーディネーターは，父親母親同席面接にした。そして，コーディネーターは，担任が両親をほめる役割，コーディネーターが両親と親の役割について話し合うという分担を行った。担任には，いままでの家庭の労をねぎらうことを依頼し，担任と父親と母親が信頼関係で結ばれるようにした。さらに，コーディネーターは，父親の存在を否定し続けることで母子関係が成り立って

いるとアセスメントを行った。コーディネーターは，母親に父親の考え方が理解できるよう父親の会議への参加を求めた。父親は「私は，B男が甘えているとつい思ってしまう」と述べた。このことを通し，コーディネーターは，母親に甘やかしているという考え方を追加した。母親はB男が閉じこもるかもしれないという不安と甘やかしているかもしれないという不安の2つの感情が生じて葛藤が起きている。その上で，子どもの大学進学を目標にしている母親に「アルバイト先がB男君の居場所になっています。夜遊びをしていたら学校に戻ることが難しいと思います」と述べた。コーディネーターは，母親の葛藤を通し問題意識を形成した。そして，コーディネーターは「まだ，高校1年生です。……この公立相談室ならば教師に話しづらいこともカウンセラーが，しっかり話を聞いてくれます」と，問題意識を建設的なものにするため校外専門家による援助の特徴を説明している。そして適切なカウンセラーに引き継いだ。

　同様に自験例1では，自閉症スペクトラム障がいが疑われたA男の保護者に「長所を生かす工夫で生活しやすくなること」と伝えた。自験例4では，D子に母親の自殺の不安があることを家族に知らせた上で，コーディネーターは，父親に医師の治療を勧めた。

　3事例とも，コーディネーターは，生徒と保護者のニーズにそって，保護者に新しい考え方を追加した上で，問題意識を形成して校外専門家の特徴を説明した。保護者を校外専門家に引き継ぐことは各専門家による援助体制を形成するコーディネーターの専門性といってよい。

　また，田村（2008）は，保護者が心理的に揺れている時期は，教師やスクールカウンセラーなどの援助活動の成果が保護者は認識しづらいと報告している。しかし，コーディネーターによる生徒や家庭の問題にあった校外専門家の紹介とその援助により，保護者の心理的揺れの時期を短縮できると思われる。

　一方，保護者を校外専門家に引き継ぐことができなかった自験例3では，保護者が学校を避けていた。自験例5では，コーディネーターはE子の母親を1，3年生時とも校外専門家へ引き継ぐことができなかった。引き継ぎについては，今後のさらなる実践研究による知見が必要である。

次に，チーム援助の機能を促進する役割としては，(5) 各専門家への継続したコーディネーション活動，(6) コーディネーターへの情報の一元化と各専門家へのタイミングのあった情報提供，(7) 援助に消極的な担任への対応が含まれる。

(5) 各専門家への継続したコーディネーション活動

各専門家が，生徒のために適切な援助を行うために，コーディネーターは，各専門家に継続したコーディネーション活動を行うことが，重要である。

自験例1では，コーディネーターは，自閉症スペクトラム障がいに関する専門性の高いカウンセラーを紹介した。結果として，A男に対して，カウンセラーによる二次障がいに対する援助と医師の紹介，医師による障がい告知と社会性を身につけることを目的とした面接が行われた。そして，担任による進路指導と学習指導が行われた。このような各専門家だけではできない学習面，心理・社会面，進路面，健康面の援助が可能になるようにした。コーディネーターは，校内外の各専門家の援助意識を維持し，専門家が働きやすくするために，生徒と各専門家への継続したコーディネーション活動を行った。担任の生徒への援助は6月から11月まで中断していた。しかし，コーディネーターは，A男への継続した関係をつくるために，絵葉書を送り続けた。そして，コーディネーターが，各専門家に生徒の思いをつないでいった。

援助に興味を示さなかった担任と，非行生徒の困難事例である自験例5においても，コーディネーターは，E子と担任へのコーディネーション活動を継続していった。コーディネーション活動の特徴は，生徒には援助者である学年教育相談担当教師と協働し，生徒の気持ちを聞きつつ学校生活の適応を図ったことである。そのため，担任には積極的に継続した連携を図り，生徒の変化を伝えた。その結果，担任はE子の不可解な行動や小さな変化を理解し，援助意識を高め援助を行った。そして，E子は，登校するようになり卒業し就職した。

各専門家の援助意識を維持し，専門家が働きやすくするためにも，継続したコーディネーション活動が必要である。Dol (1995) は，Collaborative Consultation の要因に「援助者の思い」を挙げている。筆者は，専門家同士の連携には「生徒の思い」を伝えることが重要であると考える。コーディネーターが，各専門家へ「生徒の思い」をつないでいく姿勢によって，各専門家が得意な分野で機能する組織を形成することができた。援助に興味を示さない教師は，生徒の不可解な行動を理解できない。カウンセラーや医師といった心理面健康面での校外専門家は，生徒の思いは理解できても，青年期の生徒にとって重要な社会とのかかわりの場である学校の実態を理解しにくい。コーディネーターが校内外の各専門家に継続的にかかわることにより，校内外の各専門家は生徒と学校を理解し，生徒に適切な援助が行うことができるようになる。大野（1997）は，学校カウンセリングの機能のうちコーディネーターのつなぐ機能により，学校を生徒にとってゆたかなものにすることができると述べている。しかし筆者は，生徒ばかりでなく援助者である教師についても，コーディネーターのコーディネーション活動は有効であり，教師としての幅を広げゆたかにすることができると考える。

（6）コーディネーターへの情報の一元化と各専門家へのタイミングのあった情報提供

　各専門家への継続したコーディネーション活動を行うにあたって，コーディネーターへの情報の一元化と各専門家へのタイミングのあった情報提供が行われた。そして，全ての自験例において，コーディネーターは，タイミングをみて生徒に関する情報を各専門家に提供し，役割分担をあきらかにした。

　自験例1では，コーディネーターはA男の登校意欲について校外各専門家に情報の提供依頼をした。そして，医師より登校意欲が出たことの連絡を受け，担任に報告した。その結果，担任は進路指導をした。自験例2では，B男がアルバイトの発覚を怖れ，学校在籍への強い希望を持っていることを確認したときに，コーディネーターは担任に報告し，校長のリーダーシップを仰いだ。そして，校長は，校則違反のアルバイトについて生徒指導部による謹慎という指導より，困難をかかえた生徒を学校に戻すという不登校の個別援助のリーダー

シップを示した。自験例3では，自殺未遂の報告を受けた直後，コーディネーターは教師集団に注意を促し，C男を一人にさせないことを伝え，自殺未遂の危機対応を行った。自験例4では，精神科医がD子の登校にこだわらないという話題が出たところで，医師との連携のチーム会議を行った。

　コーディネーターは，情報が一元化するようにし，タイミングをみて生徒に関する情報を各専門家へ提供する必要がある。その際コーディネーターは，各専門家の援助の特徴を理解し，専門性が生かせるような情報を提供する。医師は健康面の専門家であり，自殺予防や障がい告知の訓練を受けている。自殺企図の情報や発達障がいの疑いの情報は，医師の専門性を発揮できる。登校意欲や転学意欲の有無の情報は，学習面進路面の専門家である教師にとって，専門性の発揮できる重要な情報である。コーディネーターは，各専門家の特徴や専門性を理解し，援助が発揮できるような情報を提供することが重要である。その結果，各専門家は，それぞれの専門性の高い領域で生徒の援助を行うことができるのである。

　さらに，コーディネーターへの情報の一元化と各専門家へのタイミングのあった情報提供によって，各専門家は，得意な分野での援助を行えるばかりではなく，その際，各専門家のコンサルテーションが他の専門家へ生かされ，相互に的確な援助が行えるようになるのである。自験例1では，医師よりコーディネーターへの電話で「A男に転学の意欲が出てきた。また，A男が希望している特別支援学校ではA男の学力が高すぎる」と報告され，その後の担任の進路指導に生かされた。そして，A男は，転学した高校を卒業し大学に進学した。情報がコーディネーターの一元化と各専門家への提供により，各専門家間で相互コンサルテーションが行われ，質の高いより的確な援助が行われる可能性がある。

　生徒に関する情報を共有する際，コーディネーターばかりか各専門家は，生徒の個人情報開示の有無の判断を行った。チーム援助を進めていく上で，個人情報開示の有無の判断と承諾を得る判断は各専門家の重要な役割であろう。

（7）援助に消極的な担任への対応

学校相談活動において，援助の中核を担う担任への対応を検討する。

西尾（1996）は，高校では困難をかかえた生徒援助について，実施の判断も含め教師が各自で行う傾向があると述べている。高校は，退学制度があるため義務教育である中学校と比べ，教師の援助意識が異なることが考察される。そして，高校は，困難をかかえた生徒の援助について，教師が個々に援助を行うが，教師の援助に個人差があるという問題がある。担任は，学校における援助の主体者である。特に援助に消極的な担任への対応は重要である。

自験例4では，コーディネーターが，毎回のチーム会議で，アセスメントに基づいた援助方針をあきらかにしたことは重要であった。父親との面接で母親のうつ病の発症を知ったコーディネーターは，その後の第2回のチーム会議で，母親に医師の治療を勧めるという援助方針を具体的に示した。母親とD子の面接後の第3回チーム会議では，コーディネーターは，D子の要望を満たすためにも医師への通院を勧めるという援助方針を明確にした。また，父親という援助資源もあきらかにした。さらに，第5回チーム会議では，コーディネーターは医師との連携内容と，父親，担任，教頭，コーディネーターという連携の参加者と，その役割分担を提案した。また，コーディネーターは，第2回チーム会議でうつ病やパニック症からくる担任や養護教諭への不信に対して，コンサルテーションした。その際，コーディネーターは，「母親は総合的な判断をすることが難しくなると思います」と教師にわかる言葉で説明した。そして，医師との連携後の第6回チーム会議では，「D子は学校や担任との関係がきれると寂しいと思う」と担任へのコンサルテーションを行った。そして，援助意識がなかった担任が積極的に援助するようになった。

コーディネーターの「アセスメントと援助方針の提案」が重要であることが示された。そして，校内ばかりでなく「校外専門家との役割分担」をすることにより，教師の援助意識が増すことが示された。さらに，生徒や保護者の心理的特徴のコンサルテーションが重要であることが示された。

自験例5では，コーディネーターは「E子がグループ学習に参加するように

なった」とE子の変化を肯定的に伝えている。その後,コーディネーターによる生徒の視点を参考に,担任もE子の変化をみるようになり,肯定的に捉えることができるようになっていった。さらに,担任は「E子は厳しくても彼女の言い分をきちんと聞く先生とは,関係が持てるようです」と,E子の気持ちを受け止めることの重要性に気づいていった。担任がE子を肯定的に捉えることができたのは,コーディネーターの「生徒を援助者と継続してつなぐこと」と「担任を連携に誘うコーディネーション活動」があったからこそである。継続したコーディネーション活動により,困難をかかえた生徒に対して躊躇のあった担任は初めて向き合うことができた。生徒の個別援助に対して強い拒否反応を示す教師は,何らかの理由で教師自身に葛藤がある場合がある。生徒援助のために,そのような教師に継続してかかわることは,根気と適切なコンサルテーションが必要である。やはり,コーディネーターの役割といってよいであろう。

　田嶌(1998),湊(2000),伊藤(2001)は,学校風土を的確に捉え,それを踏まえた実践活動の重要性を述べている。学校風土とは,学校の雰囲気や様子という個々の学校の持つ独特な文化である。学校相談活動にも学校風土が影響している。生徒に対して問題行動の要因を把握し計画的に援助を行う学校もある反面,生徒の問題行動のみで判断し規範のみを求める学校もある。しかし,筆者は,校外専門家も含めた援助資源の活用や,担任への継続したコーディネーション活動は,生徒にとって的確な援助を行えるため,学校風土を超えて援助が行えるのではないかと考える。

　以上,チーム援助体制とそこにおけるコーディネーターの役割を7つの側面から述べてきた。まとめると,「生徒の正確なアセスメントとニーズの把握」「援助者の(保護者・担任等)アセスメント」「校内外専門家の特徴理解」「保護者の校外専門家への引き継ぎ」である。さらに,援助チームの機能を促進するコーディネーターの役割は,「各専門家を継続してつなぐコーディネーション活動」「コーディネーターへの情報の一元化と各専門家へのタイミングのあった情報提供」である。また,援助に興味を示さない担任に対しては,「コーディネーターの積極的な継続したコーディネーション活動」と「適切な専門家への役割

分担」が重要である。

　次に，援助過程におけるコーディネーターの留意点を述べておきたい。自験例では，臨床心理士の資格を持つ教育相談担当教師であった。生徒や保護者のアセスメントやコンサルテーションについて，コーディネーターは，医療職・心理職・福祉職等の専門家の活用を工夫するとよい。したがって，「校内外専門家の特徴理解」「保護者の校外専門家への引き継ぎ」「各専門家を継続してつなぐコーディネーション活動」「コーディネーターへの情報の一元化と各専門家へのタイミングのあった情報提供」は，コーディネーターとしてより中核となる役割である。

　さらに，これらの役割を全てコーディネーターが担うのではなく，援助者の適性を考え援助に生かすようにするということが挙げられる。例えば，自験例3では，生徒が自殺未遂した際，校外専門家との直接の連携をキーパーソンである養護教諭が行った。つまり「各専門家を継続してつなぐコーディネーション活動」をコーディネーターが行ったのでなく，他の校内専門家が行った。保護者とコーディネーターの連携が上手に行われているならば，保護者がコーディネーション活動を行ってもよい。また，「保護者の校外専門家への引き継ぎ」は，担任や養護教諭が行った方がうまくいく場合もある。コーディネーターは，「生徒の正確なアセスメントとニーズの把握」「保護者の校外専門家への引き継ぎ」「各専門家を継続してつなぐコーディネーション活動」を援助者に役割分担する。そして，「コーディネーターへの情報の一元化と各専門家へのタイミングのあった情報提供」を通して，コーディネーターは援助チームの促進に心がける。つまり，コーディネーターは援助者の適性を考え援助者に役割分担をし援助チームの協働を進める。このことにより，自験例3のように教師は充実感を持ち，自験例4のように保護者は生徒への理解を進めることが可能となる。

　以上をまとめて，高校相談活動におけるコーディネーターの役割の援助モデル図を提示する（図5－1）。

　援助体制を形成する機能をSystem Formationと提示した。また，援助チー

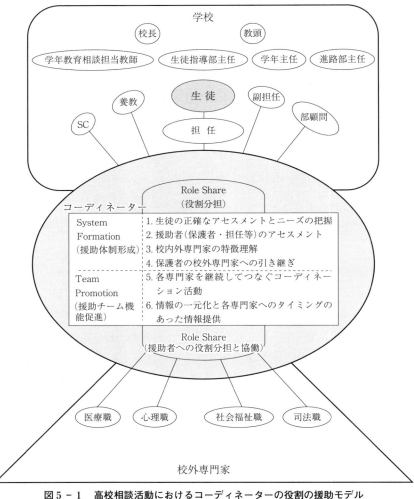

図5-1 高校相談活動におけるコーディネーターの役割の援助モデル

注:SCとはスクールカウンセラーのこと。
出所:筆者作成。

ムの機能を促進するコーディネーターの役割を Team Promotion として提示した。さらに,一部のコーディネーターの役割について,援助者の適性を考えて分担して協働する状態を Role Share と名づけた。

第6章
総括的討論

第1節　本書の総括

（1）高校相談活動とコーディネーターに関する研究・実践の展望の要約

　序章では，わが国における学校の相談活動の特徴を述べた。近年では，チーム援助とコーディネーターの重要性が指摘されている。また，チーム援助の有効性が示されている。しかし，わが国では特別支援教育コーディネーターも含めコーディネーターについては，議論が始まったばかりである。このような背景のもと，コーディネーターに焦点を当てた本書の意義について示した。

　また，高校相談活動の特徴とコーディネーターの研究の必要性について論じた。文部科学省（2009b）の報告において，児童生徒の中で高校生は，自殺が多いことが示されている。高校生について，石隈（1999）は，中学生と同様の学習・進路面や心理・社会面の悩みに加え，明確化されていない強い不安・不満という問題があると述べている。そして，高校生の問題は把握しにくく深刻化しやすいといわれている。したがって，高校相談活動では，深刻化した高校生の問題に対応するため，多様な専門家の援助が必要であることを述べた。そして，各専門家のチーム援助を促進する役割をとるもの，つまりコーディネーターが必要であることを述べた。

（2）高校の特別なニーズ教育に関する諸外国の実態と日本の課題の要約

　本書のテーマである学校における困難をかかえた子どもの援助は，近年，世界では特別なニーズ教育として行われている。そこで第1章では，高校の特別

なニーズ教育に関する諸外国の実態と日本の課題を整理し，また，欧米と日本のコーディネーターの条件を比較し論じた。

　欧米の学校では，すでにコーディネーターやコーディネーター役を担う教職員の実践が行われていた。また，特別なニーズ教育が進んだ国の学校では，困難をかかえた生徒のため，多様な専門家が校内外に設置されていた。具体的には，スクールサイコロジスト，スクールカウンセラー，スクールソーシャルワーカー，支援教師，SEN（特別なニーズ教育）コーディネーター等が配置されていた。そして，法律を制定し困難をかかえた生徒の援助を行っていた。そこで，コーディネーターを務めていたのは，校長か専門家であった。その専門家とは大学卒業後実務経験を経て，大学院1年以上の研修終了者であった。いずれも，常勤教職員であった。また，校長がコーディネーターを務める場合，スタッフには，多様な専門家が配置されていた。

　第1章第2節では，日本のコーディネーターと欧米のコーディネーターの条件をまとめた。その条件として，校内の事情に精通している常勤教職員で，一定の専門性と役割分担の権限の必要性が示された。

（3）日本の学校相談活動の実態の要約

　第2章第1節では，わが国の中高校における相談活動に関する先行研究から，教師とスクールカウンセラーの特徴を検証した。その結果，特に，教師による事例は，校内外の専門家によるチーム援助を行っていた。しかし，チーム援助は行っているが，コーディネーターの役割と多様な専門家の連携過程が示されていなかった。そして，教育相談担当教師が，最も多くコーディネーターを務めていた。

　また，学校の相談活動におけるコーディネーターの条件を論じた。教育相談担当教師がコーディネーター役を担っていた理由は，常勤であり情報収集能力や，チーム援助の形成能力があることと考えられた。そして，日本の学校相談活動のコーディネーターの専門性が示されていないという問題と役割分担のための権限が必要であるという課題が示された。

第2章第2節では，教育相談担当教師Ⅰ型（学校教育臨床系大学院2年修了もしくは大学院の長期研修1年終了後で，かつ相談活動の実務を3年以上経験した者）は，チーム援助の計画を立て役割分担し継続して校外専門家と連携を行っていた。したがって，教育相談担当教師Ⅰ型は，校外専門家と学校をつなげるコーディネーターとして，困難をかかえた生徒に対してチーム援助ができる専門性を持っていることが推測された。しかし「管理職が相談活動に理解がある」と感じているのは教育相談担当教師Ⅰ型，教育相談担当教師Ⅱ型ともに少なかった。

（4）実践例におけるコーディネーターの役割

第3章・第4章では，教育相談担当教師Ⅰ型である筆者のコーディネート事例を示した。

自験例1では，自閉症スペクトラム障がいが疑われた不登校生徒の事例を提示した。この事例を通して，校内外専門家の援助が生徒に効果的に行われるために，コーディネーターの生徒と各専門家への継続したコーディネーション活動が必要であることについて示唆した。

自験例2では，母親が学校に不信を持ち，学校生活の不適応と夜遊び等の問題をかかえる不登校生徒の事例を提示した。この事例を通して，コーディネーターの生徒のアセスメントとニーズの把握と保護者の校外専門家への引き継ぎ，各専門家へのタイミングのあった情報提供の重要性について示した。

自験例3では，自傷行為と自殺未遂の経験のある生徒の事例を提示した。コーディネーターが，校外専門家の特徴を理解することで，適切な援助を行うことができることについて示した。

自験例4では，母親の自殺の不安をかかえた不登校生徒の危機回避事例を提示した。疲弊し援助にかかわろうとしない教師に対して，校外専門家との役割分担が効果的であったことが示された。この事例を通して，コーディネーターの援助方針の提示，校外専門家との役割分担，援助者のアセスメントの必要性について示した。

自験例5では，担任が無断欠席を繰り返す非行傾向生徒の援助にかかわろう

としなかった事例を提示した。この事例を通して，教育相談担当教師と協働し，生徒の気持ちを聞きつつ学校生活の適応を図る活動をし，担任と連携を図り，生徒の変化を伝えるという継続したコーディネーション活動の特徴を論じた。さらに，コーディネーターが役割を超えて援助をする意味について検討した。

(5) 実践例からの知見

第5章では，実践事例研究よりコーディネーターの意義と役割を示した。

コーディネーターがいることにより，校内外の個々の専門家だけではできない生徒のニーズにあった援助を，タイミングをみて行うことができる。そして，コーディネーターが形成した援助組織は，それぞれの専門家が得意な分野で機能する組織となる。結果として，コーディネーターの役割は，困難をかかえた生徒に，発達や教育を促す特別なニーズ教育を行うことが示唆された。さらに，この組織は，生徒の援助を各専門家に役割分担するため，教師が学習，進路指導という得意な分野で援助を行うため自己効力感を増すことが示された。

このように，コーディネーターの役割によって，校内外の多様な専門家の援助を，タイムリーに生徒へ生かすことができる。そして，養育機能が低い保護者に対しても一定の援助を行える可能性があることが示された。

援助体制を形成するコーディネーターの役割は，「生徒の正確なアセスメントとニーズの把握」「援助者（保護者・担任等）のアセスメント」「校内外専門家の特徴理解」「保護者の校外専門家への引き継ぎ」である。これらの役割は，コーディネート方針を立てる上での基本となる。さらに，援助チームの機能を促進するコーディネーターの役割は，「各専門家を継続してつなぐコーディネーション活動」「コーディネーターへの情報の一元化と各専門家へのタイミングのあった情報提供」である。

そして，援助に興味を示さない担任に対しては，コーディネーターの「積極的な継続したコーディネーション活動」と「校外専門家の役割分担」が重要であることが示唆された。

また，援助過程の留意点として一部のコーディネーターの役割分担して，協

第6章　総括的討論

働を進めるということが挙げられる。

第2節　高校相談活動への示唆

　第3章から第5章で示したように，コーディネーターの役割は，日本の学校では不足していた教師以外の専門家の活用につながることを示した。本節では，さらに本節で得られた知見が学校相談活動の場でどのように活用されうるか，コーディネーターの学校相談活動の留意点等について提言を行う。

（1）早期介入の重要性

　コーディネーターの介入時期はその後の援助の展開に影響する。

　自験例1では，コーディネーターは，不登校になる以前に生徒のアセスメントの情報を得ている。自験例2では，コーディネーターは，母親面接前に生徒の面接をしてアルバイトと夜遊びの情報を得ている。その結果，コーディネーターは，的確な校内外の援助体制を早期に形成した。コーディネーターの早期介入によって，生徒の問題の悪化やそれに関する影響の広がりを防ぐことができる。そればかりでなく教師の疲弊や保護者の不信を防ぐことができると考える。

　一方，困難実践事例自験例4では，パニック症の診断を受けた生徒に対して，1年3ヵ月後にコーディネーターが介入した。コーディネーターの介入が遅く，生徒の不安は増し，担任，養護教諭とも疲弊していた。自験例5では，生徒の無断欠席が始まって，1年6ヵ月後にコーディネーターが介入した。その結果，保護者は学校に対する不信を増し，保護者自身の養育についての問題意識を形成するために時間がかかった。

（2）青年期の問題と集団力動の理解

　高校相談活動には，青年期の特有の問題がある。具体的に自験例2では，青年期の失恋は不登校になるほどの混乱であった。また，自立と依存の葛藤に揺れる青年期は，自殺未遂や自傷行為，精神病理の悪化などの問題となった。文部

科学省も，高校生の自殺は中学生の3倍にあたると報告している（文部科学省,2009b）。

さらに，高校は，自立と依存の葛藤に揺れる青年期の生徒が集団生活をしているところである。個人を対象としている校外専門家では，青年期の集団力動について，理解しづらいところがあると思われる。自殺未遂や自傷行為，精神病理など生徒がかかえている問題が，生徒集団にどのように影響を与えるか，コーディネーターは，教師だけでなく，校外専門家に，コンサルテーションする必要がある。

（3）個人の尊重と学校教育の目標とのバランス

高校相談活動は「各援助者や生徒の意思決定を尊重し，成熟を促すという目標」と「卒業や進路実現という学校教育の目標」の双方を視野に入れて実践していくことが課題である。この2つの目標を意識しながら援助するためには，コーディネーターが各援助者の役割を把握し，調整を図ることが重要となる。ときには，コーディネーターが各援助者の役割を超えて直接動くこともある。例えば，担任が生徒の援助に興味を示さず，チーム援助が困難な場合がある。コーディネーターが他の援助者の役割を肩代わりすることは，役割の混乱につながるだけでなく，一歩間違えば，各援助者や生徒にコーディネーターへの依存を高めてしまう。したがって，コーディネーターは，各援助者や生徒の特徴や状況などを踏まえ，役割を超えることの意味を吟味しながら援助することが大切である。援助者の役割を超えるかどうかのコーディネーターの判断基準は，「生徒の意思を尊重し人生の重大な課題の有無」と考える。例えば，生徒が自殺未遂をするような場合，本来の援助者が動かなければ，コーディネーターは役割を超えた動きになるであろう。コーディネーターは，生徒の意思すなわち深いニーズを判断し，人生における課題の意味を考え，援助者が動かなければならないそのタイミングを慎重に判断しなくてはいけない。

（4）スクールカウンセラー等との協働

　本書の実践事例のコーディネーターは，臨床心理士の資格を有していた。したがって，スクールカウンセラーと同様の専門性を持ったコーディネーターであった。そのため，コーディネーターはアセスメントや面接，コンサルテーションを行い，カウンセラーの役割が混在している部分があった。コーディネーターの役割として，幅広い情報から正確なアセスメントとニーズを得ることが必要であると述べたが，アセスメントと面接の能力は，スクールカウンセラーにおいて専門性の高い領域でもある。さらに，生徒や保護者の心情を受け止める役割やコンサルテーションもスクールカウンセラーの専門性の高い領域である。

　一方，伊藤（1998）の調査によれば，教職経験のないカウンセラーは，教師や教職経験のあるカウンセラーと比較し，教師が行うべき仕事（教師の専門性にかかわる仕事）にあまり積極的に関与せず，互いの専門性を尊重した形で援助すると報告している。さらに，スクールカウンセラーは，教師集団との関係に不安を感じていると述べている。そこで，コーディネーターは，積極的にスクールカウンセラーに，アセスメントやコンサルテーションを役割分担し助言を求めて，教師に情報提供を行う。コーディネーターは情報の一元化と各専門家への提供によって各専門家を生かすことが望ましいだろう。

　つまり，援助チーム形成能力のあるコーディネーターと，アセスメント能力やコンサルテーション能力を持つスクールカウンセラーが協働することにより，質の高い効果的な援助が行われると考える。同様に他の専門家の活用や援助者の適性を考慮し役割分担を行うことで，効果的な援助を行うことができるであろう。

（5）開かれた学校づくり

　コーディネーターによって，早期に校外専門家との連携が行われるようになれば，困難をかかえた生徒に関して，学校が教師以外の多様な専門家の援助を受けやすくなる。また，継続したコーディネーション活動が行われることによって，生徒にとって各専門家による適切な学習面，心理・社会面，進路面，健康

面の援助を受けることが可能になる。現代の学校の問題として，学校が教師だけで児童生徒の問題を解決しようとするかかえ込みの課題や，開かれた学校が推進されない課題がある（文部科学省，2002）。コーディネーターの存在によって，早期に校外専門家との連携が行われ，「開かれた学校づくり」ができると思われる。

第3節　今後の課題

（1）専任のコーディネーターの育成

　日本の高校相談活動におけるコーディネーターにだれが適するだろうか。

　困難をかかえた生徒の援助のためのコーディネーターは，教育相談担当教師ではなければいけないだろうか。本来，校内の事情に精通して教職員をまとめるのは校長である。実際，特別なニーズ教育の進んだフィンランドやフランスでは，多様な専門家の助言のもと，校長が各専門家の助言を得てコーディネーターを務め援助を行っていた。

　しかし，日本の場合，校長になるには，学校で学年・生徒指導・進路・教務主任を経て多様な校務分掌を経験し，教頭を務めマネージメント能力を身につけることが一般的である。多様な校務分掌を経験し学校の事情を広く理解することが，校長として求められるのである。つまり，日本の学校文化は，多様な分掌主任を経験はするものの，特別な専門性を身につけることはない。したがって，校長は校内の事情に精通しているが，コーディネーターとしての専門性は低い。

　スクールカウンセラーは，校外専門家の特徴理解や生徒のアセスメント等一定の専門性を身につけているが，受けてきた教育は心理面接が中心で，各専門家と継続的にかかわり，タイミングよく情報を提供し，校内の援助体制を統合することは難しいと思われる。したがって，コーディネーターとしては，教育相談担当教師を発展させていくことが望ましい。特に，校内に常勤でいると，情報が入りやすいため，事例は悪化することなく，早期に対応ができると考える。

日本の教師は多様な校務分掌を経験し役割に柔軟性がある反面，専門性にばらつきがある。相談活動について専門性が高い教師もいれば，低い教師もいる。したがって，コーディネーターを務めるには，専門性と実務経験及び研修が必要である。そして，「専任コーディネーター」の育成が必要となる。

　さらに，コーディネーターの専門性を持ち，校内の援助体制を形成する一定の権限を持ったコーディネーターならば，継続的に生徒と各専門家にかかわり，タイミングよく情報が提供できると思われる。校内の援助体制を形成する一定の権限を持つために，コーディネーターの教育委員会所属が一つの方法であろう。教育委員会は，校長の指導助言機関である。校長の指導助言機関である教育委員会にコーディネーターが所属することにより，コーディネーターは，校長と協働しやすくなると思われる。コーディネーターは，校長と協働して校長のリーダーシップが活用でき，より校内の援助体制を形成しやすいであろう。

（2）コーディネーター導入のための活動と育成プログラム

　専任コーディネーターの育成のためには，コーディネーターの適性の検討や教育内容の検討など時間がかかると思われる。本格的な専任コーディネーター育成に取りかかる前に必要なことを検討する。

　まず，コーディネーターの導入として，養護教諭・生徒指導部主任・学年主任・管理職・スクールカウンセラーの研修を通して「チーム援助」と「コーディネーター」の理解を深める。これまでの教育相談担当教師や養護教諭・生徒指導部主任の研修は，カウンセリング・非行予防・健康教育の講義やカウンセリング事例研究が多かった。しかし，本書で示したような「コーディネート実践事例」を提示することにより，校内外専門家の上手な活用が教師やスクールカウンセラーに広く理解されると思われる。

　教師全般に「チーム援助」と「コーディネーター」の理解を求めつつ，教育相談担当教師の研修にコーディネーター育成のためのプログラムを実施する。プログラム内容として，「コーディネート実践事例」「困難をかかえた生徒の問題要因」「青年期の特徴と自殺」「各専門家の特徴とコーディネーションのため

の留意点」「保護者の教師以外の専門家への引き継ぎの留意点」「コーディネーションとコーディネーターへの情報の一元化の意義・実践」「各校における困難をかかえた生徒のコーディネート案作成と実践」を挙げる。このコーディネーター育成プログラムを毎年繰り返し，各校でのコーディネート事例を増やし実践を積み上げていくのである。その際，各地区でコーディネーターの実績のある教育相談担当教師やスクールカウンセラーを助言者として，各校のコーディネーターがコーディネート実践にあたって，指導助言を受けることができるようにする。このことにより，コーディネーターに興味を持つ教師にコーディネーターの適性が示されると思われる。

このような経過を踏まえ，本格的な研修につなげる。本格的な研修については，専門職大学院が充実しており，教師の大学院での長期研修制度は，すでに学校行政の中で確立している。研修者は，学校で相談業務を行い，教師の時間割を工夫調整することにより学校に勤めながら研修時間を確保していける状況である。

(3) 今後のコーディネーターの研究

本書では，5つの実践事例を示した。しかし，ここでの実践事例以外にも生徒の問題は，多様である。鋒山 (2004) は，子どもの事例を検討して，支援を進めていく経験が大切であると述べている。高校におけるコーディネーターの実践研究を今後も積み重ねていくことが必要である。

さらに，調査研究も必要であろう。コーディネーターの役割を捉える尺度をつくり，高校教育相談担当教師のコーディネート機能の現状を検討する必要がある。また，生徒援助の阻害要因や，役割分担における権限について，管理職をはじめとする多様な教師への調査が必要であろう。このような質的研究や量的研究により，コーディネーターの専門性と権限が，より明確になると思われる。

また，高校の場合，入学時の学力によって生徒が振り分けられ，学校によって生徒のかかえている問題傾向が異なる。公立，私立，中高一貫など設置形態

の影響も考えられる。地域環境なども関連してくるだろう。そういった学校の特徴からの検討も必要だと思われる。

(4) 管理職及び一般教師への研修

　第1章でみたように，日本の学校は，教師以外の専門家が少ない。日本の学校は教師が多様な役割を担うため，役割が曖昧になりやすい。そのため，困難をかかえた生徒の事例が複雑であるほど，総合的に判断し，適切に働きかける校長の責任とリーダーシップは重要となる。学校という場の責任は校長にある。実際，本書の実践事例においても，管理職の責任とリーダーシップにより効果的な援助ができることを示した。

　また，本書の実践事例より，コーディネーターは，生徒の援助に重要な役割を果たすことが示された。山本（2002）は，コンサルテーションの基本特性として，コンサルタントは局外者であるということが重要で，コンサルティと利害関係がないからこそ，率直に指摘できるという関係ができると述べている。しかし，学校の場合，管理職は人事権を持っているため，教育相談担当教師と管理職は，対等な関係は困難である。Calia（1973）は，学校カウンセラーが遭遇する本当の問題は，彼の仕事がどうあるべきかについて，監督者と自分との期待に食い違いがあることだと述べている。このことはコーディネーターにも当てはまると思われる。困難をかかえた生徒の援助を進めるためには，管理職の理解が必要である。しかし，高校教育相談担当教師の実態調査から，「管理職が相談活動に理解がある」と感じている教育相談担当教師は，専門性の有無にかかわらず少なかった。

　このような背景のため，管理職研修により，困難をかかえた生徒の援助における管理職の責任とリーダーシップという役割の理解を進めることが重要である。管理職の研修によって，管理職は生徒の援助に必要な，責任とリーダーシップを発揮できるであろう。

　また，同様にチーム援助を行うためには，一般教師への研修も重要である。本書の実践事例で示したように，コーディネーターのコーディネーション活動

のもと，校外専門家とのチーム援助で，教師に教師の得意な分野で援助を行えるということの理解が必要である。したがって，管理職に対する責任とリーダーシップの研修と，一般教師に対するコーディネーターの役割とチーム援助の理解を進める研修が必要である。

（5）各専門家間の共同基盤

　各専門家が連携した場合，認識の違いについて，藤川（2008）は，コラボレーションの課題として，援助者間での認識が一致しなかった場合，効果的な援助ができなくなるとしている。発達障がいにおいて，近年，医療職と心理職，教育職による研究が進み，診断基準と支援について共通の知見が得られるようになった。各専門家での認識の違いが少なく，共通の言葉による基盤を持っていれば，コーディネーターによる校内外の専門家による援助体制を組むことが容易である。また，学校内においては，特別支援教育の導入により，発達障がいが一般化し，さらに教師にとってわかりやすい資料が普及したことが，コーディネーション活動をしやすくしていると思われる。アメリカではRainforth & York（1997）が，すでに教育領域では，スクールカウンセリング，特に発達障がいなどの複数の援助者によるケアが必要な児童生徒への特別支援教育の分野で医療職と心理職，教育職とのコラボレーションが注目されていると述べている。わが国においても，発達障がいのみならず，自殺未遂やいじめ・うつ病・PTSD・虐待等の援助で医療職と心理職，教育職，社会福祉職，司法職などの各専門家が，知見を共有することがコラボレーションを生み新しい心理教育的援助サービスを形成できると思われる。

補　章
コーディネーターの意義
―― 校内外チーム援助形成・促進事例と失敗事例より ――

　本章(補章)は，第1章から第6章(筆者の博士論文，以下本編とする)には記載されなかった事例である。具体的には，校内外チーム援助形成促進事例と失敗事例に分けて紹介する。本章(補章)の校内外チーム援助形成促進事例(自験例6)は，コーディネーターによってチーム援助が形成促進されたものである。失敗事例(自験例8)は，校外専門家への引き継ぎが失敗したことから，生徒や校内援助体制に大きな影響を与えたものである。研究方法は，第3章，第4章と同様である。本編(博士論文)では，コーディネーターの役割を明確にするための，コーディネーター事例であった。本書にまとめるにあたり，コーディネーターの意義と機能がより明確になると考え加筆した。本章では，援助体制形成を System Formation，援助チームの機能を促進することを，Team Promotion とした。

▼倫理的配慮
　コーディネート事例研究にあたって，プライバシーに配慮して事例の詳細については，最小限にとどめ論旨に影響のない範囲で一部改変している。また，対象事例は全て援助実践活動終了後に研究についての同意が得られている。

▼学校の概要と援助体制（本編と同じ）
　対象事例の相談が行われた高校は，地方都市の市街地中心部に位置している。学校は1学年7クラス，教職員60名ほどの中規模校である。地域の中では，学力は中間に位置していた。近隣には複数の高校があり，教師は，生徒に対して部活動や学習，進路，服装指導を熱心に行い学校の特色を出そうとしていた。

▼コーディネーター（本編と同じ）
　50代女性（筆者），生徒や保護者に面接を行い直接の相談援助を担当する他，援助体制を整える教育相談担当教師代表者（相談係長）であり，当該校在勤年

数3年，教育相談担当歴15年，学校教育臨床系大学院2年修士課程修了者である。また，臨床心理士の有資格者である。

▼**校内相談体制と生徒指導体制（本編と同じ）**

当該高校には，学校の指導や家庭の問題に不適応をおこす生徒や，非行の問題等，心理的援助を必要としている生徒が多く存在した。教師間の中で，学習指導，生徒指導の在り方が話題になっていた。そのような実態の中，多くの教師に相談活動の必要性が認識されていた。また，学年会，生徒指導部会などの各会議では生徒の様子が情報交換されていた。相談係会は，週1回授業時間内に開かれていた。構成メンバーはコーディネーターである相談係長（筆者）の他，保健部主任，養護教諭，学年副主任（学年教育相談担当教師）であった。相談係会では学年の様子が報告され，特に，援助の必要のある生徒については，問題点，方針，対応が検討されていた。議事録は公務員の守秘義務を前提に管理職，教務主任に回覧された。スクールカウンセラーは未配置であった。

第1節　援助チーム機能を促進した事例（Team Promotion 事例）（自験例6）

この事例は，校外専門家と管理職も含んだチーム援助による不登校生徒の援助である。家族が精神病理を持った不登校生徒は，すでに校外専門家の治療を受けていた。コーディネーターが介入して，校内外専門家の援助がより的確に行われた。その結果，不登校生徒は，1年後教室に復帰し卒業した。また，コーディネート事例を深めるために，生徒・担任・友人への聞き取り調査を加えた。

なお，コーディネート事例研究にあたって，プライバシーに配慮して事例の詳細については，最小限にとどめ論旨に影響のない範囲で一部改変している。また，対象事例は援助実践活動終了後に研究についての同意が得られている。

（1）事例の概要

1）事例対象者

対象生徒：高校1年生（F子）

家族構成：父親（40代，会社員），母親（40代，主婦，うつ病），長女（F子），次女（中学生，不登校，解離性人格障害），長男（小学5年生）

問題の概要：不登校

状態：F子はまじめな生徒である。親しい友人と同じ部活に所属している。親しい友人は，明るく気配りのできる生徒である。球技大会中F子に対する男子生徒からのからかいがあった。その後，不登校になる。

見立てと方針：F子の不登校の要因は，担任のいう男子生徒からのからかいのほか，家族の病気，今まで頑張ってきたことへの息切れや，経済的な不安である。また，F子に病理があることも考えられた。援助方針は，担任がF子に寄り添う援助を中心にF子の決断を尊重する。さらに，コーディネーターは医師と連携しながら医師の診断結果や助言を参考に援助を行う。また，別室登校制度（別室での学習が出席時間として認められる制度）があるので，希望があれば勧める。

2）校外専門機関のコーディネートの経過

総合病院・精神科医：母親と妹が通院している総合病院の精神科，F子もその担当医に相談をしていた。

3）援助の期間

コーディネーターの直接援助：X年9月～X+1年3月

校外専門家と学校との連携：X年10月，12月

(2) **事例の経過**

事例の経過を3期に分けた。第1期は，校内外の情報からアセスメントを行った時期，第2期は，校内で援助が始まり，生徒が人とのかかわりをみつめた時期，第3期は，コーディネーション活動をし，生徒が内的整理をした時期である。

1）第1期　校内外の情報からアセスメントを行った時期

F子の不登校をきっかけに，父親や医師からの情報によるアセスメントに基づいて，援助方針を決めた時期である。

最初に，母親からコーディネーターへの電話で「F子は2学期になって教室に入ると気持ちが悪くなるということで，学校に行きたいが，行けない状態になった。相談にのってほしい」と依頼が入った（X年9月6日）。

コーディネーターは母親と会うことにするが，母親が腰痛のため入院し面接ができなくなった。

その後，父親が担任に会ってほしいと希望した。担任はコーディネーターに，父親との話し合いに立ち会ってほしいと依頼し，合同面接になった。

第1回　合同面接　コーディネーター・担任・父親：X年9月中旬

父親は「F子は長女らしくしっかりしたところがあります。私が仕事に目が向いていたせいか，妻は育児ノイローゼ的なところがありましたが，今はうつ病です」と話した。そして，「次女は解離性人格障害ということです。自分の中にいくつもの人格があるということで，4ヵ月入院しました。あまり学校に行っていません。F子も担当医に相談しています」と話した。また父親は「F子は母親や妹の姿をみていますので，ずっと頑張ってきました。また，F子は『私は働いた方がいい』と言っています。私はF子には学校をがんばることが大切だと言っています」と家族の状況を説明した。

また，父親は「最近は，F子は泣かなくなりました。私は昔からF子に『泣くな』と言います。私は一人の時泣きます。妻は私に『F子にがんばれと言わなくてもいい』と言います」と話した。さらに，父親は，妻の腰痛の診察をした医者の対応のまずさを批判した。担任から別室登校制度について説明された。すると，父親は「家庭で課題をやることで単位は認められるか」「担任の先生には姉のように付き合っていただきたい」と要望を述べた。コーディネーターは「家庭での課題は単位として認めることはできない」と答えた。

第1回　チーム会議　コーディネーター・担任

担任は，球技大会における男子生徒からのからかいが不登校の原因だと思うと述べた。しかし，コーディネーターは「男子生徒のからかいは，きっかけであると思う。F子は母親と妹が病気のため，今まで頑張ってきたことに息切れしているところもある。担任はF子に無理強いせず寄り添う関係を続けてい

くことが大切だと思う。教師という役割を置いて，F子とのかかわりは続けた方がよい」と言うと，担任は納得した。また，コーディネーターは「両親はいろいろ要求してくると思いますが，学校の原則は崩さない方がいい」と述べた。

第2回　チーム会議　コーディネーター・校長

コーディネーターは，担任の了解のもと，学校長にF子と家族の問題や医師との連携の必要性を説明した。すると，学校長は「教頭も連れて行きなさい。私から教頭に行くように伝えます」と理解を示した。

その後，F子の不登校状態が続き，担任は家庭訪問を続けた。

第1回　医師・教頭・担任・コーディネーターによる連携：X年10月中旬

父親・教頭・担任とコーディネーターとで医師と連携することになった。しかし，当日父親は欠席だった。

医師より「F子は貴校以外の進路を考えている。また，F子は『両親の意見のくい違いからうまくいかなくなるので誰にも相談できない』と言っていた。この家族と話す場合は，誰が発言したかについて事実を確認しながら話を進めないと誤解を生み，もめる原因になる。両親とF子と先生が同席した方がいい」と助言を得た。コーディネーターがF子の健康状態について聞いたところ，医師は「不眠状態が時々あるだけ」と答えた。

第2回　チーム会議　コーディネーター・担任

コーディネーターは「F子はお母さんのうつ病が心配で学校に来ることができない場合がある。家族の経済的な問題もあるかもしれない。F子は誰にも相談できない状況で苦しんでいると思う。また，医師が言うように他の進路を考えているとしたら，F子に寄り添うことだと思う。F子の意志を尊重するためにも無理に学校に戻そうとするより，寄り添うことが大切だと思う」と説明した。担任は「家庭訪問をしながらF子の決断を待つ」と述べた。

その後，担任は時々家庭訪問をしてF子に会った。

2）第2期　校内で援助が始まり，生徒が人とのかかわりをみつめた時期

別室登校が始まり，医師の助言とは異なる方針で校内援助が始まった時期であった。

別室登校制度の申請があった。担任は，両親とF子との話し合いをもつこととにした。

第2回　合同面接　コーディネーター・担任・F子・父親：X年11月

母親は来ることができず，父親とF子のみが来校した。父親に対してはコーディネーターが別室登校の意思を確認した。担任がF子に確認すると，「別室登校をする」と述べた。

その後，F子は別室に登校するようになった。昼休みなど，同じ部活の親しい友人が別室に遊びに来ていた。また，担任は，F子に毎日丁寧に朝と帰りの連絡をした。時々，母親は，コーディネーターのところに電話をかけてきて，自分の体調の悪さやF子の心配をボツボツと話した。

F子は，登下校は他の生徒と時間をずらしていた。しばらくすると，下校時には必ず職員室の担任のところに行き，挨拶をして帰るようになった。

第2回　医師・教頭・担任・コーディネーターによる連携：X年12月中旬

F子の別室登校が定着したところで，コーディネーターは医師との連携を提案した。父親は都合が悪く欠席した。

医師は「父親は子どもたちに自由にしていいと言っているが，子どもたちに何も援助しない。実質的にはほったらかし。僕は特別扱いしない方がいいと思う。留年でもかまわないと思う」と別室登校に否定的な発言をした。

第3回　チーム会議　コーディネーター・担任：X年12月中旬

医師の別室登校制度の否定的な発言について，コーディネーターは「F子が退行し，本人や学校が混乱することを医師は心配している。しかし，F子は学校のルールを破るような可能性は少ない」と説明した。担任も「今までのF子の様子からは，そのような心配はないと思う」と述べた。さらにコーディネーターは，「F子は，母親と父親をみながら，自分で考えて動こうとしているのではないか」と意見を述べた。また，コーディネーターは「学校のルールに従い，本人の意志や決断を大切にしましょう」と言うと，担任も頷いた。担任とコーディネーターと教頭は，学校の内規に従って援助していくことを確認した。

複数の生徒が昼休みの時間を越えて別室にいる姿をコーディネーターが見か

け，注意をした。コーディネーターは，生徒たちに「自立をしようしているF子にとって，友だちがそばにいることはとても大切で不安を和らげる。ありがとう。しかし，学校生活のルールを破るような友人関係は，F子のためにならないね」と声をかけた。それ以降はそのようなことはなかった。特に親しい友人が，F子の別室での学習を維持するため，他の生徒に注意をしている様子であった。

コーディネーターは，別室でF子と日常的な会話をしたが，F子から両親や家族の話はしなかった。また，F子は「時々眠れないことがあり，薬を飲むことがある」と話した。

F子は定期試験を受けたが，一度も教室で受けなかった。保護者会には，母親が来校した。

3）第3期　コーディネーション活動をし，生徒が内的整理をした時期

学年末になり今後の進路を話し合った時期である。

学年末考査後，F子と両親と学校側が今後の進路について話し合いを持つことになった。その前に，コーディネーターと担任は医師と連携することになった。

第3回　医師・教頭・担任・コーディネーターによる連携：X＋1年3月下旬

医師は「この家族は被害者意識が強いから，公の文書をみせて，平等に扱っていることを示すことが大切。プレッシャーはいけないが，進路について自分で決断しなくてはいけない」と言った。

第3回　チーム会議　コーディネーター・担任：X＋1年3月下旬

コーディネーターは医師の助言を参考に，担任にF子と両親の合同面接における役割を決めることを提案した。担任はキーパーソンであるので，F子と両親の信頼関係を維持する必要がある。しかし，卒業までの一般論を伝える必要もある。具体的には，担任から今までのF子と家族の労をねぎらうことを提案する。コーディネーターは，高校を卒業するために本校以外の学校も紹介する。その上で，担任はF子に自分で決めることの重要性を話してほしいと説明した。担任は了解した。

第3回　合同面接　コーディネーター・担任・F子・父親：X＋1年3月下旬

担任は「別室登校になってからは，F子もご家族もよくがんばったと思う」と述べた。コーディネーターは「別室登校制度は全日制高校では，一般的には認められない制度です。卒業のことを考えると通信制や単位制の学校もあります。担任の先生は丁寧にF子さんと接していただいた。しかし，2年生になって担任が替わるかもしれない」と述べた。その後，担任とF子だけで，話し合いが持たれた。担任は「両親の意見でなく自分の意志で決めることが大切」と話した。

後日，F子は「この学校で2年生になる」という結論を，担任に告げた。F子が結論を出したのは，学校が定めた締め切り日間際であった。

F子は2年生になり，教室で普通に授業を受けた。教室では後ろの座席の親しい友人が助けている様子であった。中断していた部活も始めた。親しい友人と明るく一緒にいる姿をよく見かけた。2・3年の欠席はほとんどなかった。また，球技大会などの行事も参加した。結局，担任は3年間同じ担任だった。担任は自らF子の担任を希望し，親しい友人が同じクラスになるように配慮した。2・3年のクラスメートは，F子の1年生のころの話をせず，自然に接していた。

(3) 援助後の聞き取り調査 (X＋4年)

X＋4年に，F子と担任と親しい友人に聞き取り調査を実施した。その概略を示す。

1) F　子

別室登校にはすごい抵抗があった。学校に行かないことに慣れてこのままでいいやと思っていた。しかし家にいても親がいろいろ言ってくる。居心地が悪くなる。いざ学校に行ってみるとなんともない。(貴方は退学を考えていたけど)え……。担任の先生はよかった。とてもよいというのは，私の中にはない。そのときの自分にとってよかった。細かい話はしなかった。学校はこうだよとか。ずかずか入ってこない。自分のまわりで一番健康的な人だった。高校時代はよ

かった。今はいろいろ仕事を変えている。時々不安定になって医師のところに通っている。弟は何も気にしない性格だから，影響を受けない。そこがいい。

2) 担　任

〈F子の援助について〉

F子は，その後卒業して就職した。F子は不登校の理由は言わなかった。最初は，どうしていいかわからなかった。先生（コーディネーター）が寄り添うことが大切と言われ，そうしたのがよかった。医者と連携でき専門的なアドバイスを受けた。スクールカウンセラーや医師などの専門家と教師を結ぶ立場の人が必要だと思う。

〈連携について〉

先生（コーディネーター）はある程度，専門性があったので連携する不安はなかった。また，いいタイミングで必要なときに医師と連携できた。

3) 親しい友人

〈F子の援助について〉

部活仲間で，食事場所を教室から相談室に移しただけ。先生（コーディネーター）は，私のやっていることを「自立をしようとしているF子にとって，友だちがそばにいることはとても大切で不安を和らげる」と，説明してくれたのがよかった。

(4) 考　察

1) F子の変化

家族への不安がF子を不安定にさせて，無理に頑張らせていたと考えられる。さらに，家族の治療費がかさむため，F子には，経済的な不安もあったと思われる。そして，球技大会の際の男子生徒のからかいは，不安定なF子の不登校のきっかけになったと思われる。

医師は「F子は貴校以外の進路を考えていると思います」と述べている。しっかり者と言われているF子は，働くという別の進路を考えたと推測される。しかし，F子は誰にも相談できない状態であった。医師は「F子は，両親の意

見のくい違いからうまくいかなくなるので誰にも相談できない」と述べている。実際，父親は「今は学校をがんばることが大切だ」と述べ，母親は父親に「F子にがんばれと言わなくてもいい」と話している。両親の意見のくい違いのため，F子は依存したいができない状態であったと思われる。

　Blos（1962）は「青年中期は第2の分離―個体化の過程とみなし，心理的分離と個体化はその後の自我同一化の核となる。青年中期の子どもの依存と自立の葛藤をうまく支えながら自立へ導く必要がある」としている。一般的に，青年期の子どもは，母親に甘えることによって，退行しつつ自立していく。F子は，うつ病の母親に甘えることができなかった。そのかわり，担任，親しい友人，コーディネーターに代理的・部分的に依存することにより，自立していったと思われる。特に，担任が寄り添うというかかわりは，依存と自立の葛藤に揺れ動くF子の支えとなった。F子にとって，担任はその葛藤を受け止める役割を果たしたのではないかと思われる。安定した担任の態度は，F子の安定感につながり，F子の心理的成熟を促したと思われる。

　2）担任に対するコンサルテーション

　担任は援助後調査で，「先生（コーディネーター）が寄り添うことが大切と言われ，そうしたのがよかった」と述べている。また，コーディネーターは担任へ「教師という役割を置いて，F子とのかかわりは続けた方がよい」と述べている。つまり，これは教育を促す助言ではなく，心理的問題に関する助言であった。

　一方，医師の「留年してもかまわない」の助言に対して，コーディネーターは「学校のルールに従い，本人の意志や決断を大切にしましょう」と説明している。つまり，教育を促す助言をしている。

　学校における生徒援助は，心理的問題と教育の両方の専門性が必要である。したがって，コーディネーターが専門家と連携できる専門性を持つことによって，担任に対して学校相談活動として適切なコンサルテーションができると思われる。

　さらに，担任は，「2年生になってクラスが替わったことがよかった」と述

べている。担任は，自らF子の担任を希望し環境調整を行った。担任が，F子の心理的成熟を促す援助と環境調整の援助を行えた理由は，コーディネーターのもと，医師や家族と丁寧に連携したことで，F子のかかえている問題を深く理解できたためと言えるだろう。

3）学校相談活動における援助チーム機能の促進（Team Promotion）

医師・担任・父親との連携によりコーディネーターは，F子の家族がかかえている問題をアセスメントすることができた。例えば，医師は「この家族と話す場合は，誰が発言したかについて事実を確認しながら話を進めないと誤解を生み，もめる原因になる」と話している。実際，父親は第1回合同面接で「家庭での課題をやることで単位は認められるか」「担任の先生には姉のように付き合っていただきたい」と学校に要求している。しかし，医師との連携から，コーディネーターは，この家族が援助を過剰に求める傾向があることを理解し，学校でできる援助の限界を意識することができた。

さらに，医師の「父親は子どもたちに自由にしていいと言っているが，…実質的にはほったらかし」という言葉に，F子の孤独を感じることができた。コーディネーターは，F子にとって担任の寄り添う援助が必要であると確認できた。また，担任は援助後の調査で「コーディネーターにはよいタイミングで必要なときに医師と連携できた」と述べている。生徒の援助のために，タイミングをみて，生徒に関する情報を得ることもコーディネーターにとって必要である。

また，医師はF子への別室登校の対応に反対している。それは，F子や家族が，特別扱いをして退行して混乱することを心配したと思われる。しかし，コーディネーターはF子の学校生活の様子から，混乱は少ないとアセスメントした。また，父親の学校への要望も調整できると考えた。これらの理由から，別室登校制度を進めたが，担任も教頭も反対しなかった。

このように，生徒の学校生活にかんする情報は多く，総合的な観点からのアセスメントをして，専門家とは異なる援助方針を立てることもある。これも，生徒の日常や，生徒をとりまく人的な資源をよく知ることのできるコーディネーターの役割と言える。

さて，従来の研究では，スクールカウンセラーが校外専門家を紹介して援助したのは，わずかであった。たとえば，田村・石隈（2003），佐藤（2006），竹崎（2006）が挙げられる。また，校外専門家との連携を継続して行った事例は，本事例のコーディネーターの知る限りなかった。つまり，非常勤のスクールカウンセラーでは，管理職の了解を取り，校外専門家との継続した連携や，教師に対して役割分担の指示は難しいと思われる。一方，本事例のようにコーディネーターが専門家と継続した連携を持つことは，校務分掌として当然のことである。常勤で，学校組織に深くかかわっているコーディネーターであるからこそ可能であると思われる。さらに，学校長は「教頭も連れて行きなさい。私から教頭に行くように伝えます」と発言し，専門家との連携に教頭も参加した。医師が否定的な発言をした別室登校制度を生徒に実施できたことは，このような学校組織にかかわっているコーディネーターが連絡調整を行った結果と言える。このようなことは，コーディネーターでしかできない援助チーム機能の促進（Team Promotion）活動と言える。

　F子の担任は，「スクールカウンセラーや医師などの専門家と教師を結ぶ立場の人が必要だと思う」と述べているが，学校を理解し，教師とは異なる専門性を持った，人をつなぐ役割的立場の人が必要であろう。つまり，学校組織と校外専門家にかかわってもらうことができるような，一定の専門性があるコーディネーターが必要であることが，本事例から明らかとなった。瀬戸・石隈（2002）は，教育相談係の長は援助チーム形成能力があると述べているが，コーディネーターがチーム援助のリーダーになることにより，スクールカウンセラーも含めた専門家と連携して学校と様々な専門家を結ぶことができると思われる。

　以上のように，コーディネーターは，担任へのコンサルテーションばかりでなく，管理職への連絡調整，医師との連携，医師とは異なる援助目標の設定，別室登校制度の運用，ピアサポート活動の助言などを行った。このように，コーディネーターが学校組織全体にかかわることにより，多様な援助を促進（Team Promotion）し，適切な生徒援助を行うことができるであろう。つまり，学校相

談活動では，コーディネーターがチーム援助のリーダーを担い，多様な援助を促進（Team Promotion）することが求められていると言える。

4）学校相談活動の可能性と限界

学校には，多様な問題をかかえた生徒がいる。教師や友人との対人間関係のみが原因であれば，心理面接や環境調整による支援は，有効な援助と言える。しかし，生徒や家族に病理がある場合は，援助に医療関係の専門家が参加することは必須である。本事例が奏功した理由として，学校全体で困難をかかえた生徒を援助していこうという相談体制が整ったことが挙げられる。また，担任が自分の力量だけでは解決できないと理解し，コーディネーターや医師の助言を積極的に取り入れ，生徒を心理的に支えることができたためでもある。さらに，親しい友人という適切な友人関係があったことも挙げられる。このように，担任や親しい友人が，深い家族の病理をかかえたF子の援助に重要な役割を果たしたと言える。ここに学校相談活動の可能性があり，このようなことは医師や相談機関との援助とは異なり，学校にしかできない援助である。

すべての事例が，このように上手くいくわけではない。家族や生徒にもっと深い病理がある場合，教師は疲弊し，友人関係は混乱する。したがって，コーディネーターは，生徒ばかりでなく，保護者・教師のアセスメントをして，援助方針をたてなければならない。さらに，必要ならば専門家との協働のもと援助にあたらなければならない。繰り返しになるが，本事例では，コーディネーターがチーム援助のリーダーとしての役割を担ったが，このリーダーには専門性が必要であり，その育成が重要である。近年，学校相談活動の知見が蓄積されてきており，教師が学ぶことができる大学院が増えてきている。したがって，今後より多くの教師が，週1～2日の研修日を使って大学院で学ぶことが望まれる。

また，専門性をもったチーム援助のリーダーとなる教師の存在が一般化されれば，校外専門家との連携もますます促進される。つまり，リーダーの存在によって，多様な援助・多様な専門家が適切に活用され，学校相談活動の可能性が広がるのである。その際，チーム援助のリーダーとなる教師には，学校でで

きる可能性と限界を検討し，謙虚に慎重に，かつひるまない姿勢が大切であろう。

（5）おわりに

笠原（1977）は「中学・高校という時期に，人間に一つのメタモルホーゼ（変態）のチャンスがあると信じている」と述べている。コーディネーターは，この言葉を敷衍し，高校生年代が，子どもの問題を解決する最後のチャンスである，と捉えている。したがって，コーディネーターはその支援の担い手として今後も活動していきたいし，本実践報告がコーディネーターと同様の高校のコーディネーターの方に，少しでも役に立つことができれば幸いである。

〈第1節：引用文献〉
Blows, P.（1962）『On Adolescence』Fee-Press，野沢栄司訳（1971）『青年期の精神医学』誠信書房。
笠原嘉（1977）『青年期』中公新書。
佐藤仁美（2006）「スクールカウンセラーと教師の協働　心理臨床学研究」『心理臨床学研究』24（2），201-211。
瀬戸美奈子・石隈利紀（2002）「高校におけるチーム援助に関するコーディネーション行動とその能力および権限の研究——スクールカウンセラー配置校と対象として」『教育心理学研究』50，214-224。
竹崎登喜江（2006）「スクールカウンセラーによる定期的な家庭訪問が教師の不登校対応に功を奏した事例」『カウンセリング研究』39（4），281-289。
田村節子・石隈利紀（2003）「教師・保護者・スクールカウンセラーによるコア援助チームの形成と展開——援助者としての保護者に焦点をあてて」『教育心理学研究』51（3），328-338。

第2節　全ての援助を拒否した生徒への援助体制形成事例（System Formation事例）（自験例7）

本事例は，担任やコーディネーター，両親の援助を断った不登校生徒の事例である。コーディネーターが，母親に対する援助体制を形成し，継続したコーディネーション活動を行った。その結果，生徒は，働きながら高校卒業の資格を得ることを決意し，他の学校に進路変更した。

コーディネート事例の理解を深めるために，生徒・担任への聞き取り調査を加えた。

なお，コーディネート事例研究にあたって，プライバシーに配慮して事例の詳細については，最小限にとどめ論旨に影響のない範囲で一部改変している。また，対象事例は援助実践活動終了後に研究についての同意が得られている。

（1）事例の概要
1）事例対象者
対象生徒：高校3年生（G男）

家族構成：父親（40代，会社員），母親（40代，パート勤務），長男（G男），長女（中学生），

問題の概要：不登校，てんかん，不本意入学

状態：G男は，不本意入学をした。しかし，学校近隣の校外のスポーツクラブに通うことで登校の目標を持つ。運動中のけがや，校外のスポーツクラブに対する学校の対応に，ますます不信を募らせた。G男の不信感は，家出や登校・担任・両親への拒否と広がっていく。

見立てと方針：母親の面接から，G男が家出をしていることなど問題が深刻であると考え，母親に，家庭の問題を専門とし学校の事情に精通している校外カウンセラーを紹介する。また，G男は担任やコーディネーターを拒否しており，登校や校外専門機関への来室は考えられない。そのため，コーディネーターはG男との関係を緩やかに続ける方法として「葉書」をG男に定期的に出すことにする。

2）校外専門機関のコーディネートの経過
校外相談室：某国公立大学の付属施設であった。その大学は小中高校教師のリカレント教育に力を入れており，教師から児童生徒と保護者に対してこの施設を紹介することも多い。コーディネーターはこの施設を母親に紹介した。

3）援助の期間
コーディネーターの直接援助：X年7月〜X+1年3月

校外専門家と学校との連携：なし

4）コーディネーター援助までの経過

担任は，予期せず3年生の担当になる。3年生徒については，まったく事情がわからない状態であった。G男は，4月当初から不登校状態である。家に電話を入れてもG男はいないようである。担任は対応がわからずコーディネーターに援助を求める。

（2）事例の経過

事例の経過を3期にわけた。第1期は，校内外の援助体制を形成した時期，第2期は，継続したコーディネーション活動の時期，第3期は，コーディネーション活動の結果，生徒が内的整理をする時期である。

1）第1期　校内外の援助体制を形成した時期

担任の依頼で，コーディネーターは母親面接を行った。

第1～2回　コーディネーターによる母親面接：X年7月～10月

母親はこれまでのいきさつを話す。「初めての子どもでおばあちゃんは猫かわいがりした。G男は人の様子をみて接する。今回のことで私と祖母はけんかになり，祖母は『G男がどうなろうと，そのころは自分は死んでいる』と言い，それ以来，祖母はG男にかかわらなくなった。G男は他の高校に合格すると思っていた。私が別の高校などを提案したが受け入れなかった。高校入学後，漫画の影響で格闘技ジムに通う。格闘技ジムでは格闘技の推薦で大学に行った生徒がいた。いつも考査と試合がかさなり，また，減量すべき時に修学旅行があったりした。結局，G男が大会で負けた生徒が優勝した。G男は『学校側がもっと協力してくれたら』と言っている。私は『人のせいにして』とつい言ってしまった。G男は『黙って聴いてほしい』と言う。2年生の夏休みに格闘技をするために東京へ家出をした。手をけがしたため格闘技ができなくなった。今はアルバイトをしている」と話す。コーディネーターは校外カウンセラーを紹介する。コーディネーターは，援助のために面接の概要を他の教師に伝えることについて，母親の了解を得た。

第1～6回　チーム会議　コーディネーター・担任：X年7月～10月

コーディネーターは，母親の話から，長期的な支援が必要であると判断し，校外専門機関を紹介することを報告した。担任はお礼を述べる。

2）第2期　継続したコーディネーション活動の時期

母親とコーディネーターはアルバイト先に行った。G男は「今は会わない。教師に説得されて学校に戻るような自分ではない。会う時は自分から連絡する」と話した。

第7回　チーム会議　コーディネーター・担任：X年11月

コーディネーターは，何らかの関係をつくることを目的に，G男に1週間に一度葉書を書くことにした。葉書の内容は，G男の好きなスポーツや日々の出来事を書いて送ることにした。担任に事情を説明すると「ぜひお願いします」と述べた。

担任が両親とG男に来校を依頼した。G男に今後の在籍について話す予定だったが，G男は来校せず，担任は会うことができなかった。

第3回　コーディネーターによる母親面接：X年11月

コーディネーターは母親と連携した。母親は「G男は『現高校は嫌いだ。残るつもりはない』と言っている」と述べた。

再び担任が両親とG男に来校を依頼した。両親は来校し，教務・担任・学年主任・学校長と話した。両親は「G男が家にいなくて話が進まなかった」「G男は学校に対して不信感を持っている」と話した。担任は，転学・退学等の話をし，家族で話し合ってほしいことを伝えた。

第8回　チーム会議　コーディネーター・担任：X年11月

担任は，コーディネーターに「父親はG男にそっくり。母親はがんばっていた」と感想を語った。

第4回　コーディネーターによる母親面接：X年11月

母親は「カウンセラーとは，次の学校に行くことを目標に，カウンセリングをしている。カウンセラーは，『退学届はG男自身に書かせるように，また，本人が退学届を出すように』と言う」と，説明した。さらに，母親は「どうしていいか揺れている」とG男の様子を述べた。

第9回　チーム会議　コーディネーター・担任：X年11月
　コーディネーターは，担任に母親から聞いた校外カウンセラーの援助方針を話した。担任は了解した。

3）第3期　コーディネーション活動の結果，生徒が内的整理をする時期
第5回　コーディネーターによる母親面接：X年12月
　母親は「G男は『転学については考えてみる』と述べている」と報告した。また，コーディネーターは進路変更のことをG男への葉書に書いていいか了解をとった。母親は承諾した。
　コーディネーターは，葉書を出した。G男から手紙が来た。内容は，コーディネーターの葉書への御礼と近況報告であった。さらに，コーディネーターは，担任と一緒に会いたいと返事を書いた。G男から了解の手紙が来た。
第1回　G男・コーディネーター・担任面接（アルバイト先）：X＋1年1月
　G男は，担任・コーディネーターとの面接で，格闘技・祖母・家出等について今までのいきさつを説明した。さらに，G男は学校が嫌になった理由を話した。担任は黙って聞き，その後，次の目標を持つことの大切さを話した。担任は，コーディネーターからもらった複数の転学校の資料をG男に渡した。コーディネーターは，本年度卒業できる学校もあることを伝えた。
第2回　G男・コーディネーター・担任面接（アルバイト先）：X＋1年2月
　G男は，「退学して，来年度通信制に通いたい」と言った。担任は，自分の希望を両親や先生方に説明し，手順を踏んで退学することの大切さを話した。G男は自分のみで退学届を提出することを希望した。

（X＋1年3月）
　G男は退学届を提出し，転学してアルバイトをしながら高校卒業資格をとることを校長に説明した。

（3）援助後の聞き取り調査（X＋4年）
　X＋4年に，G男と担任に聞き取り調査を実施した。その概略を示す。

補　章　コーディネーターの意義

　1）A男の面接　（内容の抜粋）
　自分は希望校に受かると思っていた。今から思うと力がなかった。本当にこの学校が嫌いだった。学校の近くに格闘技道場があった。格闘技をやりたかったが，1年・2年の担任は大学に行ったらやれと言った。勉強しろと言われた。顔もみたくなかった。先生（コーディネーター）からの葉書は，最初は何でと思っていたが，しだいに本当によく来るなと思った。それで手紙を書いた。あのころは，高校卒業資格のことは考えていなかった。でも，担任の先生や母親に今後どうするかと言われ考えるようになった。また，退学届を校長先生のところに持って行くことも，嫌だったけれどけじめと思って持って行った。高校卒業資格もけじめだと思って取った。今から思えば，本当に高校卒業の資格を取っておいてよかった。そうでなければ正社員になれなかった。
　母は僕が不登校のころ10kgやせた。今はあのころより20kg太った。苦労かけた。小さいころはおばあちゃん子だった。
　2）担任の面接（内容の抜粋）
　突然3年生の担任になった。G男はもう不登校だった。G男に会えなかったという記憶しかない。やっとコーディネーターと会えるようになった。どんな時でも，今後どうするかは生徒と話す。教師として，生徒の希望を聞きながら進路を援助することは当然である。

（4）考　察
　不登校の生徒の援助過程を述べてきた。事例をもとに生徒の変化，校外カウンセラー，コーディネーターの役割を述べる。
　1）生徒の変化
　「G男はおばあちゃん子」であったと，母親もG男も述べている。G男は青年期中期に入り，絶対合格すると思っていた希望高校に入ることができず，新たな目標を校外での施設で学ぶ格闘技とした。
　青年期は発達上重要な時期であるとされる。この時期は，それまでの依存対象であった親からの内的な分離が課題となる「第2の分離・個体化」(Blos, 1962)

の時期で,さまざまな発達的局面で変化を迎える時期である。祖母との関係で育ったG男は,希望校の不合格という初めての挫折を味わい新しい自立への世界に出発する。

村瀬(2002)は,「あるいは15歳を超える時,世界の中で様々な通過儀礼が実践されている。……(中略)……インディアンの世界では,自分を守ってくれる守護神を探しに野原に出かけて行く習慣が残っている。青年期の人は,世界に出て自分を守る守護神をみつける」としている。

コーディネーターが最初にアルバイト先に行った時に,G男は「今は会わない。教師に説得されて学校に戻るような自分ではない。会う時は自分から連絡する」と言っている。G男はコーディネーターを完全に拒否をしているのでなく,必要な時には連絡するとしている。G男はコーディネーターとの関係を切らずに,自立へ向かおうとしている。そして,G男は,村瀬(2002)の言うように,コーディネーターの葉書というかかわりに守られながら,自ら決断して,問題を乗り越えて行った。

援助後G男は「母親や担任の先生に今後どうするか言われ考えるようになった。また,退学届を校長先生のところに持って行くことも,嫌だったけれどけじめと思って持って行った」と述べている。進路にかかわる問題は高校生には大きな決断であり,主体性を育てたと言ってよいだろう。

さらに,この自立の過程で,母親を受け入れ「母は僕が不登校のころ10kgやせた。今はあのころより20kg太った。苦労かけた」と述べている。G男は青年期の通過儀礼を通して,母子の関係を再構築したと考えられる。

2) 校外カウンセラーの役割

G男の不登校をきっかけに母親と祖母はけんかになり,祖母は「G男がどうなろうと,そのころは自分は死んでいる」と言い,それ以来祖母はG男にかかわらなくなった。不登校をきっかけに,母親は初めて子どもと向かい会うことになる。そして母親はG男に対して現実を受け入れ,自立して行く青年期の子どもとしてつきあって行く。母親が子どもの自立を受け入れて行くことに対して,重要な役割を果たしたのは校外カウンセラーである。母親は「校外カ

ウンセラーとは，次の学校に行くことを目標に，カウンセリングをしている。校外カウンセラーは，退学届はG男自身に書かせるように，また，本人が退学届を出すように助言している」と，説明している。校外カウンセラーは，子どもの自立を母親に受け入れさせつつ，さらに，子どもの自立に向けたコンサルテーションをしている。

その方針とは，「G男は次の学校に行くこと，退学届を生徒自身が提出する」という生徒の小さな変化を促す現実的なもので，生徒自ら動き出すという主体性を育てるものであった。

校外カウンセラーが行った母親への心理面接と子どもの自立に向けたコンサルテーションは，教師ではできない専門的な援助であった。

3）コーディネーターによる二つの援助体制形成（System motion）
①ほどよい能動性と受動性

一方，G男は相談機関には行かない。そのため，コーディネーターが，G男の援助を行った。しかし，学校に不信を持っているため，コーディネーターに会うことを拒否する。そこで，コーディネーターは，学校とのつながりが切れるのを恐れて，葉書を送る。1週間に一度，G男の好きなスポーツのことや日々のことを書いた。

援助後の面接でG男は「先生からの葉書は，最初は何でと思っていたが，次第に本当によく来るなと思った。それで手紙を書いた」と述べている。このように，学校を強く拒否するG男の気持ちは少しずつ変化して行った。

長坂（2006）は，訪問面接の内的構造におけるセラピストの態度として，「能動性」の重要性を挙げている。さらに，田嶌（1999）の"節度あるおしつけがましさ"を用いた訪問面接の方法を挙げ，セラピストの能動性と受動性のバランスの必要性を述べている。本事例は，コーディネーターは当初能動的に訪問面接を行ったが，生徒に拒否され，それを修正して葉書という，より脅威とならない程度の能動性を示し成果を挙げた。長坂（2006）の「セラピストの受動性と能動性が，バランスよく共存していることが大切である」という知見を支持する結果であったと言えるであろう。葉書の内容もG男の好きなスポーツ

のことや日々のことなどであり，決して「進路や卒業」については書かなかった。学校を拒否しているG男にとって「進路や卒業」は，学校とのかかわりや大きな決断を迫ることにつながるので，避けたのである。

河合（1970）はカウンセリングの可能性の発展として，「今までなかったことが，クライエントの心の中から生じてくる」としている。本事例においては，コーディネーターはG男の学校を強く拒否する姿勢を受け止め，ほどよい能動性と受動性を持つ葉書という手段を用い，本人の自己治癒力を引き出したと言ってもよいだろう。会うことを拒否している生徒にとって，コーディネーターが葉書を出すことは，有効なカウンセリングの一つの方法であろう。このような姿勢が援助体制（System motion）を形成したといえる。

②専門的援助体制の形成

さらに，母親に対する援助体制形成（System motion）について検討する。校外カウンセラーは，家庭教育の問題に対して専門性が高く，学校の事情にも精通し適切な心理面接とコンサルテーションを行った。

日本の学校の問題点は，教師以外の専門家が少ないため，困難をかかえた生徒が適切な専門家の援助を受けにくいことである。そのような中，福田（2008）は，教育支援のための教育心理臨床連携ネットワーク作りを提唱している。教育心理臨床連携ネットワーク作りとは，学校の児童生徒のニーズや方向性を明確にし，より専門的個別的な支援を学校外の専門家に委託して連携して行くことである。

しかし，学会誌等に発表された論文をみる限り，スクールカウンセラーが校外専門家を紹介して援助したのは，わずかであった（田村・石隈，2003；佐藤，2006；竹崎，2006）。そして，校外専門家と継続したかかわりは竹崎（2006）による論文で1回の連携のみであった。また，石川（2008）は，ある地区の高校相談担当教師代表者の平均経験年数は2.1と述べている。

教師は一般的に校外専門家に関する教育を受けていない。教師は校外専門家による援助の必要性は理解しているが，自らは校外専門家との援助体制を形成できないと思われる。本事例については，コーディネーターが大学院を修了後

も継続して研究会に参加して得た知見に基づいて援助体制を形成した。教育臨床における連携ネットワーク作りは，常勤勤務で，校内の事情に精通し地域の医療機関・相談機関の知識があるコーディネーターが行えると言える。

③情報の共有とコーディネーション

コーディネーターは母親との連携を通して，校外カウンセラーと同じ目標を持ってG男の自立を促す。例えば，退学にあたっての手順と方法である。母親からG男の転学の意思の報告を受け，担任はコーディネーターから受け取った複数の転学校の資料を渡す。コーディネーターはG男に本年度卒業できる学校もあることを伝える。さらにコーディネーターと担任は，自分の希望を両親や先生方に説明し手順を踏んで退学することの大切さを話す。

Talmon（2001）は，"鍵となるのはクライエントに正しい治療法かということでなくて，クライエントの態度や願望を考慮して，これは正しいタイミングかと問うものである"と述べている。コーディネーターが生徒に関する校内外の情報を集約することにより，生徒に介入するタイミングを理解し，担任の援助を活かすことができると言える。したがって，コーディネーターの役割は，効果を生むために最も効果的なタイミングをみて介入することであると言っていいだろう。コーディネーターはカウンセラーと異なるコーディネーションの役割を果たした。

援助後のG男と担任は，事例全体の援助の詳細はほとんど述べていない。担任とG男は当事者であり，援助全体をみることができないと思われる。

(5) おわりに

本事例では，校外カウンセラーの心理面接は母親の心理的成熟を促し，担任が進路の援助を行うことで，生徒は主体的になり進路を決定した。コーディネーターは校外カウンセラーと担任の情報の共有を促進し，生徒に葉書を継続的に出して学校とつないだ。

このように，それぞれの専門家が自分の得意とする分野で援助を行うことで，効果があがったと言え，各専門家単独では困難であったと思える。

〈第2節:引用文献〉
Blos, P.（1962）：On adolescence： a psychoanalytic interpretation. New York：Free.
福田憲明（2008）「教育支援のための教育心理臨床連携ネットワークを求めて」藤原勝紀編『心理臨床パラダイム』現代のエスプリ別冊，至文堂，90-96。
石川美智子（2008）「高校における相談活動の課題とコーディネーターの役割——中高の相談活動に関する先行研究の概観と高校教育相談係の調査より」『名古屋大学大学院教育発達科学研究科紀要』55，15-25。
河合隼雄（1970）『カウンセリングの実際問題』誠信書房。
長坂正文（2006）「不登校への訪問面接の構造に関する検討」『心理臨床学研究』23（6），660-670。
村瀬学（2002）『心とこころをつなぐ』ほんの森出版。
佐藤仁美（2006）「スクールカウンセラーと教師の協働」『心理臨床学研究』24（2），201-211。
Talmon, M.（2001）青木安輝訳『シングル・セッション・セラー』金剛出版。
田村節子・石隈利紀（2003）「教師・保護者・スクールカウンセラーによるコア援助チームの形成と展開——援助者としての保護者に焦点をあてて」『教育心理学研究』51（3），328-338。
田嶌誠一（1999）「相談意欲のない不登校・ひきこもりとの『つきあい方』」「日本心理臨床学会第18回大会発表論文集」94-95。
竹崎登喜江（2006）「ケース報告 スクールカウンセラーによる定期的な家庭訪問が教師の登校対応に功を奏した事例」『カウンセリング研究』39（4），281-289。

第3節　校外専門家の引き継ぎに失敗した事例（自験例8）

　この事例は，長期にわたっていじめられ閉じこもり傾向のある生徒の事例である。校外専門家に引き継いだが，うまくいかず，校内援助体制のみで支援した。生徒は，新しい学校への転学を決意し，友人関係も新しく構築した。校内の援助体制と校外専門家への引き継ぎ，生徒の変化等を検討する。
　ここでは，校外専門家への引き継ぎがうまくいかなかったので，コーディネーターでなく筆者（Th）とする。いじめられた生徒の様子がわかるように逐語録で記述した。
　なお，援助事例研究にあたって，プライバシーに配慮して事例の詳細については，最小限にとどめ論旨に影響のない範囲で一部改変している。また，対象事例は援助実践活動終了後に研究についての同意が得られている。

（1）事例の概要
1）事例対象者
対象生徒：高校2年生（A子）

家族構成：父親（49歳，会社員中間管理職），母親（40代，パート勤務），長女（19歳，短大生，寮生活），次女（A子），A子が中学2年生の時祖父母と同居している。中学3年の時に祖母，高校1年の時に祖父が亡くなっている。

問題の概要：長期のいじめられ経験，不登校（閉じこもり傾向）

状態：背が低く太っている。学年で最も成績のよいクラスに属している。A子が言うには「小学校の高学年から中学校の3年生まで母親の友人の子供B子に長期にわたりいじめられた。」とのこと。母親に言えずに苦しんだ経験から，対人恐怖的傾向となり，高校2年時の友人関係の問題から不登校になり，部屋に閉じこもる

見立てと方針：長期のいじめられ経験があり，学校への登校が難しいことから，精神科医を紹介する。そのために，学校とA子・家族との信頼関係を築く。

2）校外専門機関のコーディネートの経過
心療内科・精神科医：A子の住居の近隣にある総合病院。Thは，何人かの生徒を紹介している。Thが，A子と保護者に紹介する。

3）援助の期間
Thの直接援助：X年7月～X+1年3月

校外専門家と学校との連携：なし

4）Th援助までの経過
修学旅行後1ヵ月学校を欠席。その後A子と母親が学校に来ると言うので，筆者（Th）に担任より面接の依頼がある。母親はThと担任による面接，A子はThによる面接を実施することを，担任と話し合って決める。

（2）事例の経過
事例の経過を3期にわけた。第1期は，校外専門機関紹介の失敗までの時期，

第2期は，校内のみの援助で生徒が内的整理をする時期，第3期は，校内のみの援助で生徒が問題解決する時期である。

経過を以下に報告する。〈　〉＝Thの言葉，（　）＝様子を示す。なお，母親面接も並行してThと担任が行った。

1）第1期　校外専門機関紹介の失敗までの時期

第1回　ThによるA子面接：X年7月

「学校に来たくなかった。修学旅行も行きたくなかった。今日も来る途中で泣いていた。（泣き始める）中学校の時からいじめられていた。友だちがどんどん離れていく。中3の10月から保健室登校をした。私をいじめていた友だち（B子）も塾に行っていたので，塾にも行けなくなり，一人で入試の勉強をした。私よりお母さんの方がつらい。高校に入学して，友だちに誘われてデザイン部に入った。自分は絵を描くことは好きでない。7月に入って，デザイン部内でもめた。私たちのグループは3人の悪口を言った。みんなで話し合うことになったが，結果として，私一人とデザイン部の対立になった。中立の子がみんな3人にしゃべっていたようだ。その中立の子の私への最後の捨てぜりふが"何をしゃべったか知っているのよ"だった。ショックだった。部活の子たちは私のことを"負け犬"と呼んでいるようだ。クラスの友だちは，自己中心は嫌いだと言っているが，私からみるとその子たちが自己中心にみえる。クラスの人たちは陰で私のことをいろいろ話しているようだ。」

面接後に次の面接日を決めるが，もし学校に来られないようならば家庭訪問での面接になることを互いに確認する。

第1回　担任による母親面接：X年7月

A子面接後，A子を置いてThは母親面接に行く。A子は待っている時寂しかったと言う。

第2回　ThによるA子面接（A子宅近くで）：X年9月

電話を入れても，呼び鈴を押しても返事がない。30分後ドアをあけて声をかける。かすかな音がする。10分後出てくる。

「学校行かなくてごめん。お休みの日に家族でもみじを見に行こうと誘われ

たけど行かなかった。夜眠れない。2時ごろ寝て，7時ごろ起きる。」

〈Th　学校の書類をもってきたけど，負担になるようだったら見せないけれど。〉（結局見せる）「テストだけ受験したらおかしいよね。」〈Th　そんなことないよ。〉「進路のことをいろいろ考える。医療事務の専門学校に行きたい。そのためには高校卒の資格がほしい。工場に勤めてもいいと思っている。大検は難しいし。」〈Th　昼間定時か夜間定時に編入できるよ。1年生からじゃなくていいよ。〉「その前にお父さんに言わないと。中学の時，お母さんが"A子が学校に行きたくないと言っている"と言ったら，お父さんがすごく怒った。だから，今回のことも言っていない。」（泣き始める）（お父さんの話を聞こうとしたが，A子が話を変える）「私チューリップが好きでチューリップの鉛筆をもっているがもうじきなくなりそう。植物を育てようとするがいつも枯らせてしまう。」

15万円のトランペットを持っている話をしてくれる。「人と話す時，こんなこと言ったら自慢話に聞こえるのではないかとか，嫌われるのではないかといつもドキドキしている。私をいじめたB子は頭がいいけど，とても意地悪だった。C高校にいった。」（母親が心配して家の前で捜している。母親はどう対応したらよいかわからない様子）

第3回　ThによるA子面接（A子宅で）：X年10月

「お母さんがお父さんに転校の話をしてくれた。お父さんは"転校しても同じようにならないように。そして，病気だから専門医にかかるように"と，言った。それ以外は黙っている。自分は転校しても同じことになるかもしれないからとても不安になる。考えると眠れない。地元の定時制に行くのは，友だちがいるから嫌だ。」〈Th　いじめられたことを整理する必要があるけど，話したくなかったら話さなくてもいいよ。〉

「中学の時おじいさんに15万円のトランペットを買ってもらって嬉しかったが，学校に持って行ったらみんなに何か言われると思ったから嫌だった。でも，おじいさんにそんなことは言えなかった。吹奏楽部でトランペットを学校に置いていたら，知らない間に傷つけられていた。（トランペットとそのケースを

さわって離さない）これを買ったころは吹奏楽部で金管楽器を持っていた人は少なかったが，誰も何も言わなかった。クラスの友だちは"よかったね"と，言ってくれた。

　たくさんの人がいるのが怖い。頭が痛くなったり，手に持っているドラエモンのペンが震えてたりして，気のせいかと思うけど，やっぱり震えている。勉強をしようと思うが家でできるものとできないものがある。どうしたらよいか。」

　第2回　Thによる母親面接：X年10月
　（朝けんかしたとのことで突然のA子面接後，母親面接を喫茶店でする）
　「夫に転校の話をした。夫は"転校しても同じようにならないようにということと，Thが来たとき転校のことをしっかり聞くこと"と言った。いつまでもパジャマ姿で，勉強しているかどうかわからない娘をみていたら，つい"勉強しているの"と言い，けんかになった。そして，"今から病院に行くから，一緒に来なさい"と言ったが，A子は"嫌だ"と言った。"母さんが家を出る。A子も出ろ"と言ったら，"お母さんがそう言うなら出る"と大騒ぎになった。いつも"お母さんが言うなら"と言って，すぐ人のせいにする。

　毎日腫れ物をさわるようだ。中学の時は保健室登校だったからまだよかった。今は部屋に入ったきり，ほとんど出てこない。」

　〈Th　転校のことはすいませんでした。私から本人に言うのではなく，担任を通して保護者に情報を伝えるべきでした。今後はそうします。通院の件はD病院でいいと思います。電話を入れて予約方法を聞くとよいです。今までの面接の記録を送りますので，病院へ持って行ってください。学校側はカウンセラーの指示に従いたいと思いますので，その結果を連絡してください。A子さんがいじめられた話を教えてください。〉

　「いじめられていることを知ったのは中学3年の時でした。相手のB子のお母さんと私は友だちで，子供が小さいころからつき合っていました。クラブも一緒で，塾もB子が一人では嫌だからというのでA子も行きました。いじめの話をA子から聞いた時は信じられず，どちらの言うことが本当なのか，わ

からなくなりました。でも，相手がグループになっていました。B子ははっきりした子でした。

　A子は"私はまじめだから損をする"と，言います。私は"髪の毛でも染めればいいのに"と言いますが，しません。友だちのことも"私の周りにいる子は自分が人からいい子に見られたいから，私と一緒にいる"と，言っています。

　また，A子は"お姉ちゃんばかりかわいがる。"と，私に言います。A子のわがままは，父親そっくりです。」

　第1回　チーム会議　Thと担任：X年10月

　〈担任　すぐに転校ではなく，もう少し，学校で面倒をみたい。先走らなくても，時間がある。たくさんの生徒が心配している。まじめだと言うが，掃除をさぼる。クラスの生徒に言わせると，A子のほうから離れて行くそうだ。転校の件はお母さんが来た時話します。〉Thは，学校に来るようにA子に言ってみることを担任へ提案する。

　第4回　ThによるA子面接（学校で）：X年11月

　「教科書を取りに来た時は，時間が遅くて？　生徒がいないから怖くなかった。電車の中に同じクラスの生徒が二人いたけど，制服着ていなかったから怖くなかった。英語と数学は，参考書があるから勉強できるが，後はわからない。」
〈Th　教室に入らなくてもいいから，面接以外にも学校に来たらいいと思う。その気になったら連絡して〉

　「小学校の時，いじめられたことを担任に言ったら，その担任は黒板に私を含めて関連の人3人の名前を書き，話し合いの場をもうけた。その後，私はますます孤立した。別の先生はクラス全員にいじめについて作文を書かせた。私をいじめた友だちが私の前の席で，その子にずっと見られていた。その子はあることないこと書いた。最悪の状態になった。母さんは"いつも逃げている"と言い，先生は"強くなれ"と言った。小学校6年の時はおとなしい子と仲良くなった。その子はのんびりしていて，いじめなんて考えもつかないような子たちだった。その子はE高校に行った。E高に行った子は一人しかいなかっ

た。中3の時はB子と同じクラスになった。わざわざ意地悪なB子が近づいて来た。私は避けていた。ほかの学校に転校してもまた，同じことになるのが不安。」

（この面接以降保健室登校が始まる。）

第3回　Th・担任による母親面接：X年11月

「昨日A子が泣いていた。学校にテスト勉強をしに行こうと思ったが，行けなくて泣いていたとのこと。病院に行ったら先生に"吹奏楽部に入らずにデザイン部に入ったから，いけない"と言われがっくりした。それと，"今時の高校生には思えない"とも言われました。娘も私もあの先生は嫌です。学校で面接をお願いします。」〈Th　転校の件は本人がその気になることが大切だと思っています。〉

〈担任　12月中には進路の結論を出さないといけないと思います。学校によって転校の手続きが違うと思いますので，直接聞いてみてください。〉〈Th　親子で見学することがよいと思います。合う合わないがありますから。〉

「A子とのけんかはなくなりました。主人は何も言いません。会社には事情を話しました。病院へ行くことには抵抗を感じませんでした。A子の同級生もかかっていました。」〈Th　お父さんには，いじめられた期間が長いので時間がかかると言ってください。〉

12月1日よりテスト週間。遅刻してテストを保健室で受ける。

2）第2期　校内のみの援助で，生徒が内的整理をする時期

第5回　ThによるA子面接（学校で）：X年12月

箱庭をする。（箱庭1）

1時間ぐらい砂をさわって山をつくる。（Th　山が崩れるので，砂を足してあげる。）写真を撮ろうとしたら，蜘蛛や手を砂山に入れる。

「昨日帰りの電車で同じクラスの生徒に会った。嫌だった。

夢を見た。"他の学校から修学旅行に行くが，一人だけ迷子になる。トイレを探していると，おばさんが教えてくれる。旅行先は緑の多いところだった。"

最近お姉ちゃんと電話でよく話す。昨日は1時間ぐらい話した。この間お父

補章　コーディネーターの意義

さんとお母さんと私で，部屋に置く植木鉢を買った。家にいると，自分は怠けているのではないかと思う時がある。学校は好きではない。特に教室や体育館は好きではない。高1のクラスで自分の部屋にあるもので一番高いものを言い合ったことがある。私がトランペットの話をしたら，みんなに"金持ちだ"と言われた。音楽室と図書室は好き。図書館で折り紙をしたのが楽しかった。相談室も好き。」

箱庭1

12月8日

A子が保健室に来る。2時間ほどいたが，昼放課にデザイン部の生徒が来るので帰る。

第6回　ThによるA子面接（学校で）：X年12月

「体育館や教室は嫌，音楽室や図書館が好き。あと相談室も好き。」（この時はまだ，居場所としての相談室は開設していなかったため，A子が学校に来たときは保健室にいた。）

「昼間制服を着て学校に来るのが嫌だった。」（Thが箱庭のふたを取るが，人形をさわるだけで箱庭はしない）

「私は人前で話すことや，目立つのが嫌だけど，お母さんは電車の中で話しかけてくる。"土曜日に学校に行くと思ったけど，行かなかったんだね"と言った。母親は言ってほしくないこと，言わなくてもよいことを言う。

今も転校のことを聞いてくるが自分ではわからない。」〈Th　どんないじめにあったの〉「小学校4年生の時から無視をされた。まだ，何か言われるほうがよかった。いじめたのはお母さんの友だちの子だから何も言えなかった。このまま保健室登校で卒業できないかな。」（面接後保健室に行く）

第7回　ThによるA子面接（学校で）：X年12月

「1週間落ち込んでいた。今日の朝，お母さんがいつまで寝ているのと怒っ

177

た．それと，ポケベルを換えた．友だちが私のベルに入れないことを気にしたくないから．

　大河内君の事件が起きた時，お母さんは大河内君のお父さんが書いた本を買った．お母さんはその手記を読まずに私に渡した．」

　第2回　チーム会議　Thと担任：X年12月

　〈担任　養護の先生と話したのですが，A子の人間関係の思い過ごしをなんとかしたい．〉〈Th　直接思い過ごしだと言って，彼女はわかるだろうか．彼女はデザイン部の話し合いの時も，セル画の話し合いをするはずが，いつの間にか会計の話になっていて，言い出せない自分が苦しいと言っていました．私たちが苦しいことがある時はどうしますか．〉〈担任　信頼できる人に話します．〉〈Th　先生も私も養護教諭も母親にはなれません．母親にお嬢さんの思い過ごしだと言ったらどうなりますか．〉〈担任　あのお母さんだったら娘に言って，娘は部屋に閉じこもり昼夜逆転するでしょう．このままで行きます．〉

　第4回　母親面接　学校で担任とTh

「A子は登校しているようです．小学校5年生の時に担任の先生から友人関係のことを言われ，6年生の時に本来家庭訪問がないはずなのに，うちだけ家庭訪問がありました．友人関係で同じようなことを言われました．中学1年生の4月，本人から"学校に行きたくない"と話があり，私はまたかと思いました．しかし，たまたま近所のF子が（E高に行った生徒）A子に"一緒に学校に行こう"と声をかけてくれました．その時から，学校に行くようになりました．中2になる時一緒のクラスになりたい友だち調査があり，声をかけてくれたF子と一緒になりましたが，その子とはいつのまにか離れました．ある時，A子の切符を見ると不正乗車をした形跡がありました．A子は，一緒に学校に行っているF子は，お母さんがいい子だと言うが，不正乗車をする子だとも言いました．私は"不正乗車だけはしてはいけない"と言いました．A子も"不正乗車が嫌だ"と言いました．

　中3の時，私の友だちの娘B子に無視をされたと言いました．具体的には，A子が真ん中にいると，B子はA子を飛ばして話すとか，A子から離れて話

補　章　コーディネーターの意義

すとか言いました。
　家にいると，娘は目があっただけで"何で見るの"と言います。また，同じ質問を何回もするとすごく怒ります。"1回でわかって"と言います。また，こちらが質問してもすぐに答えず2日後ぐらいに答えます。たとえば，私が"学校に行ったの"と聞くと，2日後に"行った"と答えます。私としては理解できません。」〈Th　面接の時A子は人前で目立つのが嫌だと言っています。電車の中で話しかけられるのも嫌だと言っています。〉〈担任　目立ちたくないけど，無視されるのは嫌。矛盾していますね。〉「気に入らないとむっとして顔を逸らします。お姉ちゃんもそうです。家族で出かけた時にそれをされるととても嫌です。」〈担任　そうじをサボるときがそうです。〉
　（Th　大河内君の本について聞く）「娘はお金を私に払わせたいため，私に大河内君のお父さんが書いた本を注文してと言いました。注文してもすぐにはなくて，結局娘が買ってきました。私はああいう告白したものは嫌いで，テレビでも家族ものは見ません。本は好きです。」〈担任　どんな本を読むか。ご主人は。〉「私は長編のミステリーもの。短編はだめです。主人はクレヨンしんちゃんとか，料理の漫画とか，家族が読めるものを買ってきます。私も楽しく読みます。娘の読むような漫画は読みません。
　今は娘とはけんかをしません。でも，進路のことをどう考えているか聞きたくても聞けません。」
　第8回　ThによるA子面接(面接時間になっても来ないので家庭訪問)：X年12月
　家に鍵がかかっている。窓にはカーテンが閉まっている。チューリップと手紙を置いてくる。
　（A子の母親と電話で）「A子の姉が帰省してA子とうまくやっていたが，最後カラオケに行った時姉が泣きました。姉は"私の帰る家がない"と，言った。月曜日学校に行かないので"行かないのか"と言ったら，"学校は怖い"と言い，転校の話をしたら，A子は"お母さんが全部決めようとする。そっとしておいてほしい"と言った。」
　第9回　ThによるA子面接（学校で）：X＋1年1月

「冬休みは最悪だった。いろいろなことを考えてしまい眠れない。12月の終わりに地元ではない他の学校に行こうとお母さんに話し始めたら，お母さんは寝てしまった。だから，どうしようと考えてしまった。」〈Th　お姉ちゃんとはどうだった。〉「お姉ちゃんは，みんなのいるところで化粧をするような人だ。友だちから年賀状が来たので，返事を書いた。嬉しかった。」

第5回　Thによる母親面接（学校で）：X＋1年1月

「今日は，私が寝ている間にA子が学校に行きました。あの子は私がごろごろしているのが嫌なんです。

1月9日に娘と今後のことでけんかをした時，A子は"進路のことをお母さんに話そうとしたら，お母さんは寝てしまった。私のことはそっとしておいて"と，言いました。"お母さんは世間体があるから高校に行かせようとしてる"とも言いました。"お母さんは今でも，私がG高校に行っていればこんなことにならなかったと思っているでしょう"と，言います。中学の時にあの子があんな調子ですので，友だちに会わずにすむJR線で通えるG高校を勧めました。私としては，今さらああだこうだ言うつもりはありません。中学時代から"死にたい"と言いました。私が"自殺は他人に迷惑かけるよ"と言うと，A子は"迷惑かけるから死なない"と，言いました。言ってよかったのかなと思っています。主人にはそんなこと話しません。今より，年寄りの面倒をみながら，あの子の面倒をみていた中学の時が大変でした。私が働き出したのは最近です。」

第10回　ThによるA子面接（学校で）：X＋1年1月

（養護の先生よりクラスの生徒からの手紙をもらう。担任より単位が切れるまで1週間ゆとりがあると聞かされる。その後面接）

「もう結論を出さなければと，冬休みに悩んだのはなんだったのか。先のことを考えてしまう。教室で緊張しているが，我慢して笑っている自分を想像してしまう。」（苦しそうにじっと後ろを見る。）

面接終了後保健室に行くが，クラスの一部の人に囲まれる。（クラスの生徒は励ますつもりだったが，A子は後ろを向いて沈黙。）

補章　コーディネーターの意義

第11回　ThによるA子面接（家庭訪問）：X＋1年2月
（今週の金曜日までに？　教室に入れば留年しなくてもよい）
　面接日を忘れている。目が合わない。時間割をなくしたと言うので彼女の了解のもと時間割を渡す。A子は「母親と次の学校に行くことを話している。母親は進学のため無理やり学校に行けとは言わなかった。母親は昼休みの間に私と話をした。朝，制服に着替えるが学校に行けない」と応える。

第6回　Thによる母親面接（学校で）：X＋1年2月
「娘はこのまま家にいるのは嫌だと言っています。大学に行きたいとも言います。高校も卒業していないのに，大学のパンフレットを取り寄せているのにはあきれました。
　娘が新聞記事を持ってきて，定時制の説明会を教えてくれた。私としては，行くか行かないか早く決めてほしい。夫は"やるかやらないかどちらかだ"と，言っています。私が夫に説明するときは，答えを出していないといけません。
　A子に友だちから手紙が来たようで，郵便受けの他の郵便物はそのままで，友だちからの手紙だけ出してありました。内容は言いませんが，嫌だったようです。見せてと言っても見せてくれませんでした。」

第12回　ThによるA子面接（学校で）：X＋1年2月
「友だちのH子から手紙が来た。私に意地悪をした子だからとても嫌だった。（名前をやっと教えてくれる。アルバムを持ってきて友だちの説明を聞く）初めて名前を言った。中学時代もいじめた子の入試に影響するから，名前は言わなかった。（手に汗がでている）手紙をくれたH子は，大学に検定試験を受けに行く時私を仲間はずれにした子。H子から電話があり，"何時の電車に乗る"とだけ言って，何両目か言わずに電話を切った。駅でH子や友だちがグループで歩いているのを見た。試験を受けている時は何とも思わなかったけど，昼は一人で食事した。つらかった。そのH子から手紙が来た。学校を辞めたら人生終わりだと書いてあった。悔しくて何かしたくてその手紙を捨てられなかった。今度持ってくる。（後はアルバムを見ながら好きな友だちを順番に教えてくれた）今のクラスを選ぶんじゃなかった。1年の担任が勉強をしたかっ

たら今のクラスと言った。当たり前のように決まっていた。」

第13回　ThによるA子面接（学校で）：X＋1年2月

「中学時代B子はクラスのI子をいじめた。私は両方の話を聞いていた。I子はいじめられているとは言わなかった。私もそのことについて聞かなかった。I子から今年も年賀状が来た。」

第14回　ThによるA子面接（学校で）：X＋1年2月

「クラスメートJ子から手紙が来た。普段は昔から全て夢の中の事だったと思っている。Thに会うので手紙を思い出し持ってきた。」（J子の手紙の内容は，"私もつらい事がいっぱいあった。負けないで学校に来てほしい。今度家に遊びに行く"）（箱庭をする。箱庭2）

「電車は信楽の電車正面衝突事故の雰囲気」と説明する。Thは「嫌なことは嫌だと言っていいんだよ。（箱庭をみながら）柵で守られているし，神様もついているよ」（A子手に汗をかいている）（手紙の返事を書いて，A子に届いた手紙と共に包んで担任からJ子に渡してもらうことにする。返事の内容は，"そっとしておいてほしい。家には来ないでほしい。"）

第3回　チーム会議　Thと担任：X＋1年2月

希望の単位制高校に編入できなかったこと，手紙の送り主J子にA子への手紙を返却したことを報告する。

第15回　ThによるA子面接（発熱のため中止）：X＋1年3月

第16回　ThによるA子面接（学校で）：X＋1年3月

「クラスメートからの手紙を返却したことを後悔している。やってはいけないことをしたような気がする。考えているうちに病気になった。朝は熱が下がるが夜になると上がる。歯ぐきは腫れ，口の中に出来物ができて，血が

1〜5　武器を持ったインディアン　6〜9武器を持ったカウボーイ　10　工具をもった作業員　11　本を読んでいる人　12〜14　通勤中のサラリーマン　15　畑仕事をしている人　16　新郎新婦

箱庭2

出る。また，考えてしまう。手紙を書いた友だちに返却後の話を聞きたいような聞きたくないような気がする。私が何も言えなくなったのはお姉ちゃんのせいのような気がする。小さい頃，お姉ちゃんのノートがなくなると私のせいにされた。ビデオがなくなった時も私のせいにされて，毎日言われて探した覚えがある。お母さんにも探すように言われた。小学校3年生の時お姉ちゃんと一緒に出かけた。突然お姉ちゃんがいなくなり，お姉ちゃんを捜していたら，突然現れて"親に怒られた。A子が捜すから困った"と，言って泣き出した。

この1月もカラオケをやっていたら突然泣き出した。3月中旬にお姉ちゃんが学校の寮から帰省すると思うとぞっとする。

神戸の酒鬼薔薇聖斗の家が自分の実家のそばで，同じ小学校にいた可能性もあった。」

第7回　Thによる母親面接（学校で）：X＋1年3月

「A子の希望の学校はカリキュラムの違いでだめだったようです。本当にA子には気を使います。

お姉ちゃんの物がなくなった時の件は，A子が小さい頃，A子と私が買い物に行った時にA子が万引きをしたことがあり，それで，ついA子を疑っていた。」

3）第3期　校内のみの援助で，生徒が問題解決する時期

第17回　ThによるA子面接（学校で）：X＋1年4月

新しい学校への転校が決まる。

「好きな友だちも私の秘密（いじめられて不登校になったこと）を話すのではないかと思い失ってしまう。そのことを今考えている。なんとかしなければならない。」

新しい学校に通う。

第18回　ThによるA子面接（学校で）：X＋1年4月

「不安が一杯でいろいろ考えてしまう。一緒に授業をうけることが少なく，友だちができなさそう。昼食はどうするんだろう。友だちができたがみんなクラスが違う。ベルをもってなさそうな友だちだから，ベル番を聞かなかった。

年齢もいろいろある。転校先の校舎がとても気に入った。窓や教壇の木目が見える。窓は上にあげるタイプ。教壇はとても高い。今までのクラスは排除するクラスだった。」

　第19回　ThによるA子面接（学校で）：X＋1年4月

「転校生4人と仲良くなった。みんなで前の学校の不登校時代の話をした。修学旅行に参加したかどうか，みんなで言いあった。参加したのは私一人だった。みんなに"よくあんなの行ったね"と，言われた。後，みんなで保健室登校の話もした。保健室にいると，突然クラスの友だちが迎えに来ることを話した。私がまだ，前の学校に面接に行っているという話をしたら，みんなに"よく行くね"と，言われた。昼だけ一緒に食べて授業はばらばらになる。」

　A子は年賀状をくれた友だちと一緒に帰る。
　第20回　ThによるA子面接（学校で）：X＋1年5月
　新しい学校，友だちの話。
　A子は年賀状をくれた友だちと一緒に帰る。
　第21回　ThによるA子面接（A子より中止の電話）：X＋1年5月
　第22回　ThによるA子面接（母親より中止の電話）：X＋1年5月

（3）考　察
1）校外専門家への引き継ぎの失敗とその影響

　"あの病院の先生ならまだThの方がいい"と，母親とA子（第3回母親面接）が言っている。学校から病院へのつなぎがうまくいかなかった理由は，A子の担当医師が，健康度の高い子どもの面接をあまり経験していない精神疾患専門の医師だったためということが，後日わかった。Thは，総合病院の人事異動があったことに気づかず，配慮に欠けた。今後はあらかじめ電話連絡等で確認する必要を感じた。

　校外専門家への引き継ぎが失敗したため，校内の援助が中心となった。担任とコーディネーターが母子面接を行い，A子については，心理療法が行われた。

2）校内連携

　担任とはケース会議を開きながら面接を実施したため，比較的順調にいったと思われる。これは担任の先生が若く比較的柔軟な考えを持つ方だったからと思われる。

　担任は"以前閉じこもった生徒を受け持ったが，どうしていいかわからなかった。このような方法を初めて知った。生徒指導部はすぐ保護者を呼んで指導せよと言うが，別の方法を知った。"とのことだった。また，この担任は他のクラスで不登校の生徒が出ると"Th に相談するといいよ"と担任へ声をかけてくれる。

　校内では教育相談委員会においてＡ子の概略を話したが，養護教諭からは"難しい生徒である"，教科担任からは"いい生徒である""がんばればいいのに"という意見が出た。今後，事例研究会を開き，生徒一人ひとりの理解を進めたいと思う。

3）いじめられ経験の傾聴から攻撃性の表出の援助

　担任や養護教諭からＡ子の言っていることは思い過ごしが随分あるように思われるという意見（具体的にはクラスの生徒に言わせるとＡ子が友人から離れて行っているなど）が出たが，スーパーバイザーより，「今のいじめは客観的にはいじめではないが，主観的にはいじめである。Ａ子は現実の世界と自分の世界がかけ離れたものになっているので，いじめられた経験を丁寧に聞くように」と，スーパービジョンを受け，Th は面接でそれを実践する。母親の友人の子供であるＢ子からのいじめ（第1回Ａ子面接），デザイン部での孤立（第1回Ａ子面接），自分が大切にしていたトランペットへのいたずら（第3回Ａ子面接），Ａ子への小学校の教師の対応（第4回Ａ子面接），検定受験の際の孤立（第12回Ａ子面接）など，Ａ子のいじめられ経験を十分に聞き，支えていくことができたと思われる。言いたかったが言えなかった事を言ったことで，感情の分化（整理）ができたと考えられる。そして，次の攻撃性の表出（自己表現）につながったと思われる。

　攻撃性は，怒りの感情を表して人や物に対して害を与える場合もあるが，進

取的活動的な行動として表れる場合もある。A子は厳格に育ったため，自らの感情を押し込め人に本音を言えず，現実から逃避する傾向にあった。A子の場合，姉の物がなくなった時の家族からの注意（第16回A子面接）などの経験が心的外傷体験となって，自分の感情を押し込めるようになったと思われる。

　ThはA子の攻撃性を出す必要を感じていた。クラスメートから家に行くという手紙を送られ，来てもらいたくないA子はどうしていいかわからない。（第14回A子面接）A子は箱庭を実施し信楽電車正面衝突事件を表現した。（箱庭2）A子の活動性を感じたThの"嫌なことは嫌だと言ってもいいんだよ。"という言葉に支えられ，A子ははじめて手紙を通して自分の意見をクラスメートに伝える。そして1週間発熱し第15回A子面接を欠席する。第16回A子面接の時は歯茎から出血しながらであった。A子の身体の変化は長年閉じこめていた感情を表出した事と何らかの関係があると思われる。その後，さらに感情が分化（整理）され，友人作りについて思索が展開される。第17回A子面接では"好きな友だちも失っている。なんとかしなければ"と，言っている。A子は現在喫茶店でアルバイトをしながら通信制の学校に通っている。すでに卒業に必要な単位はとれたが，友人たちに会うため学校に通っている。また，休日には互いの趣味に会わせ，カラオケやコンサートに行っている。

4）学校での面接の特徴について

　基本的には初回面接での信頼関係が重要である。不登校の生徒にとって，学校での面接はつらいものである。まず訪問面接できっかけをつくり，学校での面接，保健室登校までつなげることができたと思われる。これは柔軟に動くことのできる教師カウンセラーの長所だと思われる。

　面接が中断した理由は，転校したA子にとって，いじめられ経験のある本校での面接がつらかったからだと思われる。面接場所が学校であることは，いじめられた生徒にとって教師カウンセラーの短所だと思われる。中断のもう一つの理由は新年度になり，新しい相談部の主任から"もうそろそろA子の面接をやめたら"と，いう提案があり，Thが職員に説得することを控えたことにある。今後校内で相談活動の理解を進めていきたい。

（4）おわりに

A子が"図書館や相談室も好き"と，言っているように，不登校の生徒にとっては学校の中の「居場所」も重要である。居場所づくりは重要であり，今後も研究の必要がある。

第4節　補章小括
――日本の教育問題解決におけるコーディネーター

補章でコーディネーターの機能と意義を明らかにするために，校内外チーム援助促進事例と中断・失敗事例を示した。本章第1節（自験例6），第2節（自験例7）では，高校卒業を拒否する態度だったが，みずから目標を持ち，進級をしていく。これは，コーディネーターが教師を含む多様な専門家を活用して，効果的な援助が行われた成果である。一方，本章第3節（自験例8）では，教師（コーディネーターと担任）は，頻繁に母子面接を行った。教師の時間的負担と教師以外の専門性が求められた。問題を解決するために，教師（コーディネーター）が学校で心理療法を行いサイコロジストとしての役割を果たした。これらの事例から，コーディネーターがうまく機能することにより，校内外専門家を活かし，困難をかかえた生徒の援助を行えることを示唆した。

第1章で述べたように，日本と異なり，特別なニーズ教育がすすんだ欧米諸国では，常勤のスクールソーシャルワーカー，スクールカウンセラー，スクールサイコロジストが配置されている。

日本の学校では，教師の負担が大きすぎると考える。OECD（経済協力開発機構）が去年，34の国と地域の教師を対象に調査を行った。この調査に，日本が初めて参加し，中学校の校長や教員およそ3,700人が回答した。この中で1週間当たりの勤務時間を聞いたところ，日本の教員は53.9時間と，参加した国や地域のうちで最も長く，平均の1.4倍だった。日本の教員の受け持ち生徒数は1学級当たり31人で，平均より7人も多かった。学級運営について各国の教員のほぼ8～9割が自信を持っているのに，日本で明確な自信を示したのは約5割にとどまった。また，「生徒に勉強ができるという自信をもたせる」ことが

「よくできる」と答えた割合は，各国平均の85.8％に対し日本はわずか17.6％だった（産経ニュース）。

　諸外国にくらべ，日本の教師の労働時間が長いことは，教師の負担が多いということになる。本来，教師は学習の支援の専門家である。日本の教師の自信のなさの要因に，欧米の教師と比較し，あまりにも多くの役割を担っていることが挙げられるのではないか。

　本編と補章では，援助のために一定の専門性がある常勤の校内コーディネーターがうまく機能することの意義を明らかにした。コーディネーターが常駐することにより，困難をかかえた生徒に適切な援助が行え，教師の専門性をいかすことができると考える。コーディネーターがうまく機能すれば，多様な役割をかかえている教師の負担を軽減できる。そして，専任のコーディネーターの育成が必要で，緊急に対応しなければならないことを指摘する。

〈第4節：引用文献〉
OECD（2014）国際教員指導環境調査，産経ニュース（2014）http://sankei.jp.msn.com/life/news/140625/edc14062522340006-n2.htmSuper, D.（1980）A life-span, life-space aproach to careerdevelopment. Journal of Vocational Behavior. 16, 282-296.

引用文献

青戸泰子・田上不二夫（2005）「'他者とのポジティブな関係'と不登校生徒の自己イメージの変容との関連――中学校で不登校に陥ったA君への援助事例」『カウンセリング研究』38（4），406-415。

青戸泰子・松原達哉（2006）「ケース報告　自己プランニング・プログラムにおける『課題の設定と実行』の効果――無気力から不登校に陥った中学生への援助事例」『カウンセリング研究』39（4），346-356。

新井英靖（2005）「通常学校の特別支援教育コーディネーターの役割および校内での地位に関する調査研究」『発達障がい研究』27（1），76-82。

東千冬（2006）「スクールカウンセリングにおいて『絶対誰にも言わないで』と訴える二事例」『心理臨床学研究』23（6），716-727。

Blos, P. (1962) On Adolescence The Fee-Press. 野沢栄司訳（1971）『青年期の精神医学』誠信書房。

Calia, V. F. & Corsini, R. J. (1973) CRITICAL INCIDENTS IN SCHOOL COUNSELING Prentice-Hall. 沢田慶輔訳（1981）『学校カウンセリングの実際』誠信書房。

Dol, I. L., (1995). Whitcomb, P. P., & Nevin, A. 1995 Collaborative Consultation. *Journal of Educational and Psychological Consultation,* 16, 347-361.

Edwin. S. Shneidman (1993) 高橋祥友訳（2005）『シュナイドマンの自殺学』金剛出版。

福田憲明（2008）「教育支援のための教育心理臨床連携ネットワークを求めて」藤原勝紀編『心理臨床パラダイム』現代のエスプリ別冊，至文堂，90-96。

福丸由佳（2005）「中学校における不登校の女子とのかかわり」『心理臨床学研究』23（3），338-349。

福島章（1995）『非行心理学入門』中公新書。

淵上克義（2002）『リーダーシップの社会心理学』ナカニシヤ出版。

藤掛明（1994）「少年非行と家族へのカウンセリング」『月刊少年育成』大阪少年補導協会，463，24-31。

藤川麗（2008）「コラボレーションの利点と課題」『臨床心理学』44，金剛出版，186-191。

藤田晃之（2002）「教育学の逆襲Ⅱ　学びのマネジメントの組織戦略スクールカウンセラーの任務と本質――アメリカの場合」『教職研修』31，教育開発研究所，119-122。

藤原正光（2005）「イギリスの教育心理士の養成と仕事」『文教大学教育学部紀要』39，33-42。

半田一郎（2005）「連携が充分機能しなかった高等学校におけるスクールカウンセリング」『学校心理学研究』2005（5），15-24。

原田正文・府川満晴・林秀子（1997）「スクールカウンセリング再考」『コーディネーター型教育相談の実践』朱鷺書房。

早川すみ江（2002）「スクールカウンセラーとして関わった不登校生徒との心理療法過程」『心理臨床学研究』20（5），453-464。

鋒山智子（2004）「特別支援コーディネーターの役割」『LD研究』13，217-223。

堀正嗣（1994）『障害児教育のパラダイム展開——統合教育への理論研究』拓殖書房。

星野陽子（2003）「不登校生徒に関する外部諸機関との連携事例——精神神経症の母親とM子をめぐって」『学校教育相談研究』13，24-37。

一木玲子（2000）「イタリアの『完全』統合教育の理念と通常学校の変革」『季刊福祉労働86』現代書館，21-27。

飯田順三（2004）「高機能自閉症とアスペルガー症候群における診断と告知」『発達障がい研究』26（3），164-173。

池田久綱（2005）「スクールカウンセリングで抱えた毛髪胃石症の事例」『心理臨床学研究』23（3），338-349。

今川峰子（2002）「アメリカにおけるスクールカウンセラーの役割と養成」『岐阜聖徳学園大学教育学部教育実践科学研究センター紀要』1，245-256。

今川峰子（2003）「デラウェア州のスクールカウンセラーとスクールサイコロジスト」『岐阜聖徳学園大学教育学部教育実践科学研究センター紀要』2，271-283。

井上明美（2006）「地域環境に配慮したスクールカウンセラーの活動について」『心理臨床学研究』24（1），53-64。

石川美智子（2008）「相談係によるコンサルテーションと校内外の連携——リストカットと自殺未遂経験のあるB子の事例を通して」『学校教育相談研究』18，69-76。

石川美智子（2011）「女子高校生不登校事例への教育相談係としての支援——インテグレーションに着目して」『愛知学校教育相談研究』1，82-89。

石隈利紀（1999）『学校心理学——教師・スクールカウンセラー・保護者のチームによる心理教育的援助サービス』誠信書房。

石隈利紀・永松裕希・今田里佳（1999）「アメリカ合衆国における個別教育計画（IEP）に基づく障害児の援助モデル——学校心理学の枠組から」『特殊教育学研究』37，81-89。

石隈利紀・田村節子（2003）『石隈・田村式援助シートによるチーム援助入門——学校心理学・実践編』図書文化。

石隈利紀・山口豊一・田村節（2007）『チーム援助で子どもとの関わりが変わる——学校心理学にもとづく実践事例集』ほんの森出版。

伊藤亜矢子（2001）「学校風土とスクールカウンセリング」『臨床心理学』1（2），金剛出版，13-159。

伊藤美奈子（1998）「学校現場へのスクールカウンセラー導入についての意識調査——中学校教師とカウンセラーを対象に」『教育心理学研究』46，121-130。

岩倉拓（2003）「スクールカウンセラーの訪問面接」『心理臨床学研究』20（6），568-579。

鹿倉真理子（1999）「障害児教育」沖村優一・一番ケ瀬康子監修『世界の社会福祉　フランス・イタリア5』旬報社。

神奈川県教育委員会（2008）「平成20年度　教育相談コーディネーター実施要項」。

引用文献

片桐俊男（2002）「情緒障害特殊学級を起点とする心理教育的援助サービス——ADHD を有するとされた非行生徒に対するチーム援助を通して」『学校心理学研究』2002（2），3-14。

河合隼雄（1992）『対話する人間』潮出版。

川俣理恵・河村茂雄（2007）「中学で長期不登校を経験した女子生徒への高校相談室での居場所づくりを基盤とした援助」『カウンセリング研究』40（4），287-294。

計良由香（2008）「軽度発達障がい児の指導および特別支援教育について——新潟県と福島県の言語難聴担当者を対象としたアンケート調査から」『特殊教育学研究』46（1），11-18。

木原美妃・石隈利紀（2008）「学校における異文化間コンサルテーション——コンサルタントの役職を「文化」と捉えて」『筑波大学学校教育論集』30，37-44。

小林亮（2007）「ドイツにおける心理療法士——資格制度とその活動状況」「欧米諸外国における臨床心理学資格の実際とその歴史」日本心理学会第71回大会ワークショップ，4-18。

小泉隆平（2008）「無くなった母親のイメージを追い続けて不登校傾向になった女子高校との面接」『学校教育相談研究』18，62-68。

國分康孝（1998）「日本における学校教育相談の課題——教育委員会と教師に期待したいこと」『日本学校教育相談学会研究紀要』7・8，4-11。

国際比較研究対応チーム（2007）『障害のある子どもの就学手続きに関する国際比較——国連障害者の権利条約検討の動向に関して』国立特殊教育総合研究所，55-65。

窪田眞二（1996）「父母の教育研究——イギリスの父母の学校選択と学校参加」堀尾輝久・浦野東洋一編『講座学校 組織としての学校7』柏書房，175-192。

栗原慎二（2001）『ブリーフセラピーを生かした学校カウンセリングの実際』ほんの森出版。

栗原慎二（2006）「学校カウンセリングにおける教員を中心としたチーム援助のあり方——不登校状態にある摂食障害生徒の事例を通じて（実践研究）」『教育心理学研究』54（2），243-253。

Makipaa, H.（2007）髙瀬愛訳監修『平等社会フィンランドが育む未来型学力』明石書店。

増田ユリア（2008）『教育立国フィンランド流教師の育て方』岩波書店。

目黒信子（2004）「『別室登校』における女子生徒たちへの支援——『別室』の位置に注目して」『学校教育相談研究』14，45-51。

南澤博（2001）「学校心理学に基づく教育援助の実践的研究——思春期不登校女子三次的教育援助を通して」『学校心理学研究』（1），37-44。

湊真季子（2000）「ウチとソトの境界膜としてのスクールカウンセラーの機能」『心理臨床学研究』18（5），499-510。

宮本茂雄（1984）「問題事例と教育相談」藤原喜悦編『教育相談の研究』金子書房。

水野行範（2003）「学校・福祉・医療の連携によって援助された『不登校』高校生の事例」『学校教育相談研究』13，18-23。

文部省（1992）『学校における教育相談の考え方・進め方——中学校・高等学校編』大蔵省印刷局。

文部省（1995）「スクールカウンセラー活用調査研究委託事業」。

文部省（1996）「教育職員養成審議会総会（第1回）議事要旨」。

文部科学省（2002）『学校の「抱え込み」から開かれた「連携」へ――問題行動への新たな対応』児童生徒の問題行動等に関する調査研究協力者会議。

文部科学省（2003a）不登校問題に関する調査研究協議会「今後の不登校への対応のあり方について（報告）」。

文部科学省（2003b）「今後の特別支援教育の在り方について（最終報告）」特別支援教育の在り方に関する調査研究協力者会議。

文部科学省（2006）「学校教育法等の一部を改正する法律の公布について」〈http://www.mext.go.jp/a_menu/shotou/tokubetu/06061611.htm〉。

文部科学省（2007a）「特別支援教育の推進について」〈http://www.mext.go.jp/b_menu/hakusho/nc/07050101.htm〉。

文部科学省（2007b）「スクールカウンセラー活用事業費補助金（拡充）」。

文部科学省（2008）「スクールソーシャルワーカー活用事業」。

文部科学省（2009a）「平成19年度教育職員に係わる懲戒処分等の状況について」。

文部科学省（2009b）「平成20年度全国公立小中高等学校自殺者数」。

文部科学省（2010）「特別支援教育の推進に関する調査研究協力者会議」。

森岡由起子（2009）「スクールカウンセラーの役割と連携」『児童青年精神医学とその近接領域』50（3），238-241。

棟方哲弥（2006）『S.E.S.S.A.D.（Services d'education spécialisée et de soin a domicile）とフランス特殊教育の最新の話題6』国立特別支援総合研究所，101-104。

村松励（2005）「非行理解の臨床心理学的アプローチ」『現代のエスプリ』461，6，9-77。

村瀬嘉代子（2008）「コラボレーションとしての心理療法」『臨床心理学』44，179-185。

長坂正文（2000）『学校カウンセリングの基本技法』ほんの森出版。

中川美保子（2005）「スクールカウンセリングの一考察」『心理臨床学研究』22（6），605-615。

中村恵子（2004）「スクールカウンセラーによる学習援助を中心にしたひきこもり生徒への登校援助」『カウンセリング研究』37（4），336-344。

中村恵子・田上不二夫（2005）「チーム援助での援助構造の明確化による効果」『カウンセリング研究』38（4），416-425。

中村恵子・田上不二夫（2008）「相談室登校の中学生の相談室での充実感と教師登校との関係」『カウンセリング研究』41（3），254-265。

中西晶（2007）『高信頼性組織の条件』生産性出版。

中野善達（2000）「国連における障害者教育問題」日本特殊教育学会教育システム研究委員会編『特別教育システムの研究と構想』田研出版。

成田滋（1999）「イギリスの障害者教育と個別教育計画個別障害者法（IDEA）第20回議会報告書」。

西村喜文（2006）「非行傾向生徒に対するグループ・コラージュの試み」『心理臨床学研究』24（3），269-279。

西尾克明（1996）「生徒指導主任の葛藤と人間関係」小島弘道編『生徒指導主任の職務とリーダーシップ』東洋館出版。

引用文献

野々村説子（2001）「学校教師へのコンサルテーション」『心理臨床学研究』19（4），400-409。
落合俊郎（1998）「障害児教育からみた教育改革――イタリア」『岩波講座12　現代の教育　世界の教育改革』岩波書店。
OECD（2001a）鈴木陽子監修『教育のバリアフリー』八千代出版。
OECD（2001b）Special Needs Education: Statistics and Indicators.
OECD（2005）徳永豊・袖山啓之訳『教育への障害のある子どものインテグレーションとその理念及び実践』全国心身障害教育財団。
大前泰彦（2006）「教師カウンセラーによる不登校へのコンサルテーションとカウンセリングの実践事例」『カウンセリング研究』39（1），59-67。
大野精一（1997）『学校教育相談――理論化の試み』ほんの森出版。
大杉成善（2002）「韓国の特殊教育の現状と情報化への対応　第5部　国際セミナー・国際調査報告」『世界の特殊教育16巻』国立特殊教育総合研究所。
大杉成喜（2003）『特別支援に対する国際比較――大韓民国』国立特殊教育総合研究所。
Palo, T.（1999）三石大介訳「学校と教育」馬場康雄・奥島孝康編『イタリアの社会』早稲田大学出版，53-67。
Rainforth, B. & York, Barr.（1997）Collaborative teams for students with severe disabilities. Integrating therapy and educational services 2nd ed. Baltimore, MD: P. H. Brookes Pub.
斎藤学（1998）『家族の闇をさぐる　現代の親子関係』日本放送出版社協会。
酒井ツギ子（2002）「イタリア　障害国の初等中等教育」文部科学省編『教育調査』第128集，114-131。
笹本健・大内進・武田鉄郎・石川政孝（2002）「イタリアの特別な教育的ニーズを有する子どもの指導に関する調査研究，科学研究費補助（特別研究費（2））研究成果報告書」主要国の特別な教育的ニーズを有する子どもの指導に関する調査研究，81-95。
佐藤仁美（2006）「スクールカウンセラーと教師の協働」『心理臨床学研究』24（2），201-211。
佐藤公子・八幡ゆかり（2006）「校内の連携・支援体制づくりを目指すコーディネーターの役割――個別の指導計画の作成と実践をとおして」『特殊教育学研究』44（1），55-65。
佐藤学（2006）「フィンランドの教育の優秀性とその背景」教育科学研究所会編『なぜフィンランドの子どもたちは「学力」が高いか』国土社，34-43。
関三根代・鈴村健治（1987）「交流教育のための一助――イタリアの統合教育の例から」『横浜国立大学教育紀要』27，189-197。
瀬戸美奈子・石隈利紀（2002）「高校におけるチーム援助に関するコーディネーション行動とその能力および権限の研究――スクールカウンセラー配置校を対象として」『教育心理学研究』50，214-224。
瀬戸美奈子・石隈利紀（2003）「中学校におけるチーム援助に関するコーディネーション行動とその能力および権限の研究――スクールカウンセラー配置校を対象として」『教育心理学研究』51，378-388。
生島浩（1997）「悩みを抱えられない少年たち」『こころの科学』75，日本評論社，2-7。

曽山和彦・武田篤（2006）「特別支援教育コーディネーターの指名と養成研修の在り方に関する検討」『特別教育学研究』43（5）。

鈴木明美（2003）「非行少年グループへのスクールカウンセラーの介入——学校での『居場所』作りを中心に」『カウンセリング研究』36（4），464-472。

鈴木豊男（1999）「学校教育の危機介入について——スクールカウンセラーの役割と課題アメリカとの比較研究」『おおみか教育研究』3，37-42。

高橋智・是永かな子（2004）「スウェーデンの特別ニーズ教育と『特別教育家（specialpedagog）』の研究——『特別教育家』制度の成立前史の検討を中心に」『学校教育学研究論集東京学芸大学大学院連合学校教育学研究』10，155-165。

武田明典（2005）「スクールカウンセラーによる中学非行生徒への包括的支援——相談室の枠組みを越えて」『カウンセリング研究』38（4），385-392。

武田鉄郎・宍戸和成（2004）「イタリアにおける障害児教育と教育課程について」『主要国における特殊教育に対応した教育課程の調査研究プロジェクト研究『21世紀の特殊教育に対応した教育課程の望ましいあり方に関する基礎的研究』平成13年度～平成15年度資料』国立特殊教育研究所，50-82。

竹森元彦（2007）「家出を繰り返す女子中学生とその親へのスクールカウンセリング」『カウンセリング研究』40（2），169-181。

竹崎登喜江（2006）「ケース報告 スクールカウンセラーによる定期的な家庭訪問が教師の不登校対応に功を奏した事例」『カウンセリング研究』39（4），281-289。

田村節子（2004）「援助チームの実際」福沢周亮・石隈利紀編『学校心理学ハンドブック——学校の力の発見』教育出版，126-127。

田村節子（2008）「保護者が援助チームのパートナーとなるためには，援助チームメンバーはどのような関わりが有効か」『学校心理学研究』8，13-17。

田村節子・石隈利紀（2003）「教師・保護者・スクールカウンセラーによるコア援助チームの形成と展開——援助者としての保護者に焦点をあてて」『教育心理学研究』51（3），328-338。

田中将之（2005）「自殺企図を繰り返す高校生への教師による危機介入」『カウンセリング研究』38（4），375-384。

田中慶江（2003）「心因性頻尿から不登校に至ったスクールカウンセリング」『心理臨床学研究』21（4），329-340。

田嶌誠一（1998）「スクールカウンセラーと中学生」滝川一廣編『特別企画中学生は，いままで（こころの科学）』78，67-74。

徳永豊（2004）『特別支援教育に関する国際比較』国立特別支援総合研究所。

徳永豊（2006）「国際セミナー『PISA 研究におけるフィンランド』に参加して——基礎教育（Basic Education）における学習支援と生徒保護（Welfare）」〈http://www.nise.go.jp/kenshuka/josa/kankobutsu/pub_d/d-241.html〉。

徳永豊・菅井裕行・川住隆一（2003）「特別支援教育に関する国際比較（英国）」国立特別支援教育総合研究所〈http://www.nise.go.jp/kenshuka/josa/kankobutsu/pub_f/F-101/chapter03/chapter03_e12.html〉。

引用文献

當島茂登・早坂方志・滝坂信一 (2002)「ドイツにおける特別な教育的ニーズを有する子どもの指導に関する調査」「主要国の特別なニーズを有する子どもの指導に関する調査研究」研究報告書,国立特殊研究所報告書.
外山恵子 (2001)「『思春期自己臭妄想症』で不登校を繰り返す生徒の事例」『学校教育相談研究』11, 46-50.
外山恵子 (2002)「自殺企図のある女子高校生の事例——保健室からの支援を中心に」『学校教育相談研究』12, 36-40.
土谷良巳 (2003)「学校事例4 Lord Williams's School : Upper school の SEN コーディネーターとのインタビュー」国立特別支援教育総合研究所〈http : //www.nise.go.jp/kenshuka/josa/kankobutsu/pub_f/F-101/chapter03/chapter03_e07.html.〉.
内野智之・高橋智 (2008)「都道府県・政令指定都市教育委員会調査にみる高校特別支援教育の動向」『東京学芸大学紀要総合教育科学系』59, 311-362.
植山紀佐子 (2008)「非行への対応」『現代のエスプリ』至文堂, 876, 140-145.
鵜養美昭 (2001)「学校教育相談の充実に向けて——校内体制づくりと校外資源の活用」『学校教育相談研究』11, 4-9.
鵜養美昭 (2002)「学校教育におけるコラボレーション」『現代のエスプリ』至文堂, 419, 84-92.
鵜養美昭 (2004)「学校臨床心理学の課題と展望」倉光修編『学校臨床心理学(臨床心理学全書)』誠信書房.
渡辺明広 (2008)「通常学級の『特別支援教育コーディネーターチーム』の取り組み——S県内の特別支援コーディネーターの複数指名校についての調査研究」『発達障がい研究』30(2), 128-136.
渡部未沙 (2002)「母親面接を中心に担任との連携により展開した事例」『心理臨床学研究』19(6), 578-588.
Willig, C. (2001). Introducing Qualitative Research in Psychology University Press Buckingham. 上淵寿・大家まゆみ・小松孝至共訳 (2005)『心理学のための質的研究方法入門』培風館.
八木成和 (2006)「特別支援教育における今後の課題」『四天王寺国政仏教大学紀要』43, 189-201.
山寺智子・高橋知音 (2004)「養護教諭をコーディネーターとしたチーム援助——実践事例と先行研究からみた長所と課題」『学校心理学研究』4(1), 3-13.
山本和郎 (2002)「学校心理学とコミュニティ心理学」『学校心理学研究』2(1), 71-83.
山下格 (2004)『精神医学ハンドブック』日本評論社.
山谷敬三郎 (2002)「アメリカにおけるスクールカウンセラーの現状と課題」『北海道浅井学園大学生涯学習システム学部研究紀要』2, 31-41.
八並光俊・岡田敏宏 (2001)「アメリカウェイク群公立学校システムにおける包括的ガイダンスカウンセリングプログラムに関する研究」『学校教育学研究』13, 81-91.
横尾俊 (2008)「我が国の特別な支援を必要とする子どもの教育的ニーズについての考察——

英国教育制度における『特別な教育的ニーズの視点から』」『国立特別支援教育総合研究所紀要』35, 123-135。

吉川悟（1999）『システム論からみた学校臨床』金剛出版。

初出一覧

　本書の一部は，すでに発表されたいくつかの論文を加筆修正したものである。もとになった論文の初出を以下に挙げておく。

序　章第2節
　　石川美智子（2008）「高校における相談活動の課題とコーディネーターの役割——中高の相談活動に関する先行研究の概観と高校教育相談係の調査より」『名古屋大学大学院教育発達科学研究科紀要』55，15-25。
第1章第1節
　　石川美智子（2010）「高校の特別なニーズ教育に関する諸外国の実態と日本の課題——コーディネーターの役割を中心に」『名古屋大学大学院教育発達科学研究科紀要』57，21-31。
第3章第1節・第2節
　　石川美智子（2008）「高校における相談活動の課題とコーディネーターの役割——中高の相談活動に関する先行研究の概観と高校教育相談係の調査より」『名古屋大学大学院教育発達科学研究科紀要』55，15-25。
第3章第4節
　　石川美智子（2008）「コンサルテーションと校外心理職へのつなぎによるチーム援助——リストカットと自殺未遂のある生徒の事例」『学校教育相談学研究』18，69-76。
第4章第2節
　　石川美智子（2011）「無断欠席を繰り返す非行傾向生徒への支援事例——コーディネーション活動に着目して」『学校教育相談学研究』21，32-40。
補　章第1節
　　石川美智子（2011）「女子高校生不登校事例への教育相談係としての支援——インテグレーションに着目して」『愛知県支部学校教育相談学研究』

創刊号，82-89。
補　章第2節
　石川美智子（2011）「学校に不信感を抱く高校生男子生徒に対する校外専門家との連携事例——参加観察法・面接法により収集した情報の分析を通して」『教育臨床事例研究』23，78-84。
補　章第3節
　石川美智子（1999）「長期にいじめられ経験を持つ生徒の事例」『教育臨床事例研究』創刊号，51-60。

あとがき

　本書をまとめるにあたり，多くの皆様方にご指導とご協力をいただきました。ここに感謝の言葉を述べさせていただきます。まず，私が大学院の頃から丁寧にご指導くださいました名古屋大学大学院教育発達科学研究科森田美弥子先生，石井秀宗先生，副査を務めてくださいました氏家達夫先生，金井篤子先生に心から感謝いたします。また，退職を前に大変お忙しい中，村瀬聡美先生にご指導いただきました。さらに，本城秀次先生，平石賢二先生はじめ名古屋大学大学院教育発達科学研究科の諸先生には，多くのご指導，ご示唆をいただきました。心から感謝申し上げます。

　西村洲衞男先生（愛知教育大学名誉教授），生島博之先生（元愛知教育大学），長坂正文先生（東京福祉大学）には，事例理解へのご示唆をいただきました。また，事例については，「心理危機マネージメントコース事例研究」で先生や大学院生より貴重なコメントや視点を得ることができました。ご指導，ご協力くださいましたすべての皆様方に厚く感謝の意を表します。また，現職の高校の先生方より，本書執筆にあたり，様々なご配慮と励ましをいただき，大変感謝しております。

　さて，本研究を進めるにあたり，長期間にわたり高校の教職員の皆様方に，多大なご理解とご協力をいただき心よりお礼を申し上げます。何より，生徒たちに心から感謝いたします。また，高校相談担当の先生方にはこのほかにも多くの方々に支えていただきました。さらに，本書を出版にあたり，佛教大学およびミネルヴァ書房編集部戸田隆之氏，京都教育大学大学院連合教職実践研究科藤木愛加様，橋本浩恵様にはお力を添えていただきました。ここにあらためて心から感謝の意を表します。

　本来ならば，困難をかかえた生徒のない世の中であることが望ましいのですが，それが叶わない現実の中で，本書が，少しでも生徒や教師への援助の一助となれば幸いです。

最後に，本書を楽しみにしながら逝ってしまった母に，完成を報告したいと思います。また，夫と３人の子どもたちには，いろいろな面で本当に支えられました。家族の協力と支えなしには本書を完成させることはできませんでした。ここに記して感謝を表します。

　なお，本書は，平成24年度佛教大学学術研究叢書の助成金を受けました。ここに記して感謝致します。

　　2014年11月

石川美智子

＃ 索　引

あ 行

アシスタント　13
アセスメント　44, 52, 65, 70, 74, 76, 89, 101, 122
――の知識　97
アセスメントと援助方針の提案　131
アセスメントとニーズの把握　70
アメリカ　11, 12, 14, 15, 23
安定した援助体制　86
イギリス　11, 15, 19, 23
育児放棄　33
いじめ　60, 62, 116
依存と自立の葛藤　81
イタリア　11-14, 19, 23
一次データ　48
一定の専門性　136
居場所　127
医療機関　30, 51
医療職　121
インストラクター（アロマテラピー）　16
インストラクター（ダンス）　16
インストラクター（ヨガ）　16
うつ病　90, 91, 93, 116, 117
ADHD　30
ABCの3カテゴリー　11
SENコーディネーター（Special Educational Needs Coordinator）　13, 16, 19, 23, 24, 136
円滑実践　47
円滑事例　6
援助意識　62, 63, 118, 128, 131
援助資源　36, 99
援助者としての特徴理解　101

援助者に対するアセスメント　97
援助者のアセスメント　122, 123, 132, 134, 138
援助体制　85, 96, 115, 116, 122, 125, 127
援助体制形成　82
援助体制を形成する機能　133
援助体制を形成する役割　122
援助チーム　4, 100
――の機能　132
――の機能を促進　133
――の機能を促進する役割　122
援助チーム形成　38
援助チーム形成能力　4
援助内容の明確化　84
援助に興味を示さない担任　109
援助に消極的　101
――な担任　131
援助方針　99
――の提示　101
――と援助体制を形成　97
援助モデル図　6
大人になるモデル　103
音楽療法士　16

か 行

カウンセラー　51, 64, 75, 120
カウンセリング機能　71
かかえ込み　142
かかわろうとしない担任　112
各援助者や生徒の意思決定を尊重　140
学習指導　57, 59
学習面　112, 116, 118, 120, 121, 141
学習面・進路面の援助　61
各専門家に役割分担　138

各専門家への継続したコーディネーション活動　128, 129, 137
各専門家へのタイミングのあった情報提供　72, 129, 132-134, 138
各専門家を継続してつなぐコーディネーション活動　132-134, 138
学年教育相談担当教師　103, 112, 117, 120
学年主任　36
学校看護師　17
学校教育の目標　140
学校教育臨床系大学院2年修士課程修了者　49
学校教育臨床系大学院2年修了　46
学校心理士　17
学校生活介助者　17
学校での居場所　105, 111
学校風土　132
学校理事会（School Governing Bodies）　15, 23
家庭内離婚　102, 103
カテゴリーA　11
カテゴリーC　12
カテゴリーB　12
管理職研修　145
管理職とコーディネーターの役割　97
管理職の援助チーム参加　98
管理職への働きかけ　98
キーパーソン　117, 124, 125
危機回避　87, 93, 95, 137
危機支援　77, 85
気持ちを受け止める援助　113
教育心理士（Education Psychologists）　13, 16
教育心理臨床連携ネットワーク　116
教育相談担当教師　2, 5, 6, 36, 38, 39, 136
教育相談担当教師Ⅰ型　40, 42-44, 137
教育相談担当教師Ⅱ型　40-44, 46, 137
教育的機能　119
教師アシスタント　17

教師以外の各専門家　24
教師が学習，進路指導　138
教師が得意な分野　113
教師コーディネーター　35
教師に対するアセスメント　124
教師の援助意識　98
教師の休職者　112
教師の自己効力感　84
教師の特徴や限界　97
教師の疲弊　122
教師へのコンサルテーション　118
教頭　35
協働性を高める　85
興味を示さない教師　129
芸術療法士　16
継続したコーディネーション活動　62, 111-113, 115, 128
継続した連携　44
　——なし　44
ケースワーカー　30
権限　36, 39, 46, 62, 144
健康面　120, 121, 141
健康面・社会面の援助　60
言語教師　17
言語聴覚士　17
言語療法士　16
研修制度　25
コア援助チーム　100
校外専門家　14
　——の特徴　74, 127
　——の特徴理解　74, 82, 83, 86
　——の役割分担　138
　——への引き継ぎ　63, 71, 122, 132
校外専門家との役割分担　101, 131
校外専門家に引き継ぐ　110, 119, 126, 127
校外相談機関　64
校外相談室　51
高信頼性組織　2, 112, 119
校長　24, 35, 54, 94, 136

索　引

　　――の権限　85
　　――の権限と役割　73
　　――の責任　145
　　――のリーダーシップ　129
　　――の理解　78
合同面接　32
校内援助体制　76
校内外専門家との役割分担　99
校内外専門家の特徴理解　122, 124, 132-134, 138
校内外の各専門家に継続的につなぐ機能　129
校内専門家　14
校内の役割分担　119
公民権運動　9
公立の相談機関　64
コーディネーション活動　47, 50, 54, 71
コーディネーション行動　4
コーディネーター　2, 9, 20-24, 28, 38, 97, 120
　　――の意義　122
　　――の教育　14
　　――の判断基準　110
　　――への依存　110
コーディネーターへの情報の一元化　129, 132, 138
　　――の意義・実践　144
コーディネーターが形成した援助体制　116
コーディネーターが形成した個別的援助体制　116
コーディネーター特有の問題　73
コーディネート　44
コーディネート実践事例　143
コーディネート事例　47
　　――研究　87
個人情報開示　82, 85
　　――の有無の判断　130
　　――の了解　74
個人情報の開示に関する了解の判断　85
個別支援計画　15, 23

個別的援助体制　118
個別的援助体制形成　118
コラージュ　32
コラボレーション（コラボレート）　63, 125
コンサルテーション　30, 34, 85, 109
困難事例　6, 47, 87
困難をかかえた生徒の問題要因　143
困難をかかえた生徒への各専門家の援助　120, 121

さ　行

裁判所調査官　30
作業療法士　16, 18
山村留学中失踪　30
支援教師（Insegnante di Sostegno）　19, 20, 24, 136
試験観察　30
自己効力感　61, 120, 138
自己臭　31
自己中心性　109
自殺　93, 101
自殺不安　124
自殺未遂　31, 35, 74, 82, 116, 137
自殺予防　82, 83, 116
自傷行為　31, 35, 74, 116, 137
System Formation　133, 134
システム論　125
自責の念　78
失業者雇用対策要員　18
質的研究　47
児童虐待　30
児童精神科医　51, 116, 119, 121, 124
児童相談所　33
児童福祉司　30
司法職　121
社会教育士　18
宗教教師　17
守秘義務　84
障がい告知　60-62, 128

消極的であった担任　96, 124, 128	精神運動訓練士　17
常勤カウンセラー　36	精神科医　89, 116, 119, 120
常勤教職員　136	精神疾患　35
小児科医・小児科医師　13, 16	生徒・援助者のアセスメント　124
情報収集行動　37	生徒指導体制　103
情報の一元化　62, 128, 130, 133, 134	生徒指導部主任　31, 36
情報の提供依頼　129	生徒と援助者をつなぐ援助　113
人事権　145	生徒のアセスメントとニーズの把握　63
心情を受け止める役割　116, 119	生徒の意思を尊重　110
人生の重大な課題　110	生徒の援助にかかわろうとしない教師　102
信頼関係　67, 79	生徒の正確なアセスメント　122, 134
心理教育的援助サービス　1	生徒の正確なアセスメントとニーズの把握
心理・社会面　118, 120, 121, 141	132, 138
——の援助　59	生徒の多面的理解　84
心理職　121	生徒のニーズ　97
心理的負担　97	生徒保護　20
——を軽くする援助　96	生徒を援助者とつなぐ　132
心理面接　30-34	青年期の再構築の不安定　109
心理療法　121	青年期の自殺　81
心理療法士　16	青年期の特徴と自殺　143
進路指導　59	積極的な継続したコーディネーション活動
進路目標を持たせ，——　116	132, 138
進路面　112, 116, 120, 121, 141	摂食障がい　31
スウェーデン　11-14, 23	セラピスト　16
『救いを求める叫び』　81	専任コーディネーター　143
スクールカウンセラー　5, 6, 13, 36, 37, 98,	——の育成　143
136	相談者の利益の判断　82
——制度導入　1	相談体制　103
——配置率　37	相当な意識化　110
スクールサイコロジスト　13, 17, 18, 20, 136	ソーシャルワーカー　18
スクールソーシャルワーカー　13, 136	
スクールソーシャルワーカー制度　3	た　行
スチューデントサポートコーディネーター	
13, 21	大学院1年以上の研修終了者　136
SEN（Special Educational Needs）　19	大学院修士課程修了者　26
正確なアセスメント　123	大学学部卒業後1年以上の養成期間　26
生活の適応を促す教育的援助　113	大韓民国　11-13, 19
生活保護ケースワーカー　30	第二の分離―個体化　81
成熟を促す　140	タイミング　62, 71, 73, 81, 94, 110, 130
	——のあった情報提供　63, 128

索　引

多様な援助資源　96
多様なセラピスト　13
担任と連携　113
担任のリーダーシップ　98
担任への継続したコーディネーション活動　132
担任を連携に誘うコーディネーション活動　111
地域保健機構　16
チーム援助　4, 20, 125
　──の必要性　84
チーム援助経過記録　48
チーム援助計画　45
チーム会議　67, 78, 93
Team Promotion　134
父親の存在　71
長期研修1年終了　46
直接介入　96, 101
　──の資質　97
治療教育家　18
治療教育サービス（SESSAD）　17
ツィビルディンスト　18
通常学校　9
ティーチャーコンサルタント　13, 18, 21
適切な専門家への役割分担　132
転移　85
ドイツ　12, 13, 15
同一化　85
統合教育　14, 16, 19
得意な分野　138
特殊教育指導員　17
特性　79
特別学校（日本でいう特別支援学校）　11
特別教育家　20
特別教師　17
特別支援学校　9
特別支援教育　2, 6, 10
特別支援教育コーディネーター　2, 10, 25, 135

特別なニーズ教育（Special Needs Education）　7, 9, 11
ドラマ療法士　16

な　行

内的資源　32
ニーズ　70, 74, 81, 91
　──の把握　122
二次（的）障がい　59, 119, 128
二次データ　48
日本の特別なニーズ教育の専門家とコーディネーター　13
人間関係の成熟　112
ノーマライゼーション　9

は　行

パーソナルアシスタント　18
発達障がい　116, 117
パニック症　87, 88, 95, 116, 117
母親の自殺　87
　──の不安　95, 116
母親の病理　97
母親の問題意識形成　110
母親面接　103, 113
幅広いアセスメント　96
ピアサポーター側の心理的負担　85
ピアサポート活動　85
非行グループ　107
非行傾向生徒　102, 112, 137
疲弊　87
開かれた学校づくり　141
フィンランド　11-14, 20, 23
福祉職　121
不登校　116
フランス　11-13, 15, 23
プロセス　47
分掌主任　36
Baseコーディネーター　13, 16
Baseスタッフ　16

方針形成　99
母国語教師　17
保護者に専門家の特徴を説明　125
保護者の教師以外の専門家への引き継ぎ
　　144
保護者の校外専門家への引き継ぎ　126, 133, 134, 138
保護者の困難さを受け止める　126
保護者の心理的揺れ　127
保護者の問題意識　74
保護者の問題意識を形成　72
保護者の理解　126
母子関係　78
補助保育士　54

ま　行

巻き込まれ　77, 85
マッキニーベント法　15
マネージメント行動　37
万引き　102, 103, 116
見捨てられたという不安　125
見通し　84
無関心　109
無断欠席　87, 102, 107, 116, 137
メンタルフレンド　33

毛髪胃石症の生徒　32
目標を持たせる役　119
問題意識の形成　126, 127

や　行

役割分担　67, 68, 74, 84, 99, 109
役割分担の権限　136
遊戯療法士　16
夜遊び　116, 127
養育機能　71, 73, 117, 118, 120, 122, 126, 138
養育者としての機能低下　117
養護教諭　5, 36, 120
　──がかかえきれなくなる　78
　──と担任の援助　81
余暇指導員　18

ら　行

リーダーシップ　129, 145
理学療法士　16, 18
了解の判断　82
倫理的配慮　48
連携　4
連携記録　48
労をねぎらう　65, 91
Role Share　134

◎著者紹介◎

石川美智子（いしかわ　みちこ）

佛教大学教育学部特任教授
京都教育大学大学院教授
1955年愛知県生まれ
名古屋大学大学院教育発達科学研究科博士課程後期課程修了，博士（心理学）
専攻は教育相談，臨床心理学

| 佛教大学研究叢書23 |

高校相談活動における
コーディネーターとしての教師の役割
――その可能性と課題――

2015(平成27)年1月30日発行
定価：本体6,500円（税別）

著　者	石川美智子
発行者	佛教大学長　山極伸之
発行所	佛教大学
	〒603-8301 京都市北区紫野北花ノ坊町96
	電話075-491-2141（代表）
制　作 発　売	株式会社　ミネルヴァ書房
	〒607-8494 京都市山科区日ノ岡堤谷町1
	電話075-581-5191（代表）
印　刷	亜細亜印刷株式会社
製　本	新生製本株式会社

Ⓒ Bukkyo University, 2015　ISBN978-4-623-07184-5　C3037

『佛教大学研究叢書』の刊行にあたって

二十一世紀をむかえ、高等教育をめぐる課題は様々な様相を呈してきています。科学技術の急速な発展は、社会のグローバル化、情報化を著しく促進し、日本全体が知的基盤の確立に大きく動き出しています。そのような中、高等教育機関である大学に対し、「大学の使命」を明確に社会に発信していくことが求められています。

本学では、こうした状況や課題に対処すべく、本学の建学の理念を高揚し、学術研究の振興に資するため、顕著な業績をあげた本学有縁の研究者に対する助成事業として、平成十五年四月に「佛教大学学術振興資金」の制度を設けました。本『佛教大学研究叢書』の刊行は、「学術賞の贈呈」と並び、学術振興資金制度による事業の大きな柱となっています。

多年にわたる研究の成果は、研究者個人の功績であることは勿論ですが、同時に本学の貴重な知的財産としてこれを蓄積し活用していく必要があります。また、叢書として刊行することにより、研究成果を社会に発信し、二十一世紀の知的基盤社会を豊かに発展させることに貢献するとともに、大学の知を創出していく取り組みとなるよう、今後も継続してまいります。

佛教大学